eビジネス新書

No.392

週刊東洋経済

徹底解説!

無敵の文章術

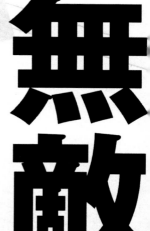

週刊東洋経済 eビジネス新書 No.392

無敵の文章術

本書は、東洋経済新報社刊『週刊東洋経済』2021年8月7日・14日合併号より抜粋、加筆修正のうえ制作しています。情報は底本編集当時のものです。(標準読了時間 90分)

無敵の文章術　目次

「書き方」を徹底解説!

「もっと文章が上手になりたい」

「文章で人生が変わる」。文章力の向上を目的とした本がビジネスパーソンの間で人気を呼んでいる。

なぜ、文章を書くことなのか。『取材・執筆・推敲　書く人の教科書』の著者でライターの古賀史健氏は「今はもう、ビジネスでは小さなことでもメールでの記録がないと動かない。理路整然としたメールを書けるような文章力が、いちばん大事なビジネススキルになっている」と話す。

リモートワークで鮮明に

社内外の情報伝達の手段としては最も多く使われるメール。その作成のときに必要なのは、伝えたいことを正確に伝えられる文章力にほかならない。企画書や報告書で求められるのも、凝りに凝ったビジュアルではなく、本質的にはメールで求められることと同じ文章の力である。

ビジネスパーソンであるなら百も承知の話なのだろう。しかし、自身の文章力と真剣に向き合ってきた人は少ないのではないか。目の前の仕事に追われる日常において、文章を書くという基本スキルに立ち返る余裕はないからだ。

変化を促したのがコロナ禍である。リモートワークにおける情報伝達手段として、メールやチャットの役割はさらに高まった。企画書はよりシンプルで、わかりやすい内容が求められる。文章の良しあしがビジネスの成否に直結する。それはもう誰も否定できない。

幸いリモートワークは自分自身の文章力と向き合う時間を生み出した。ライター向けに書かれた『取材・執筆・推敲』も、実は経営者や幹部社員など幅広い読者が手に取っている。

文章力が必要とされるもう1つの理由はWebメディアやSNS（交流サイト）の増殖だ。新聞や雑誌の書き手はプロフェッショナルにほぼ独占されていたが、Webメディアや SNSは多くの書き手に門戸を開いた。プロが教える「ライター講座」には、ライター志望者に加えて、そうしたメディアでの情報発信に関わる人、関心のある人たちが多く集まるという。

文章を書くことは「人生を変える」ほど重要になった。では、そのスキルはどうやって引き上げればよいのだろうか。さまざまなシーンや目的に応じて、専門家がその手段を解説する。マスターすれば、ビジネスでは「無敵」ともいえる文章術を手に入れることができる。

（堀川美行）

自分を変えたい！

うまく書けない人に試してほしい文章術

ライター／バトンズ社長・古賀史健

★文章スキルを引き上げる方法

①メールの定型文は後で書く
②相手に時間を使わせない
③ラブレターの図式で考える
④自分の感情を文章で伝える
⑤いつもの主語で書く

ビジネスの現場において、文章力が絶対に必要なスキルになっている。

私たちはかつて口約束で仕事を進めることが多かったが、会社でパソコンが1人1台支給されて、社内外でメールをやり取りするようになってからは、口約束ではなくて、メールの記録として残さないと、ビジネスは動かなくなった。

「口が達者」というだけでは、仕事は成立しない。理路整然としたメールが書けること、感情的なぶつかり合いにならずに文面のやり取りができることが、昔とは比べものにならないくらい大切なスキルになっている。

書くことと真剣に向き合わず、苦手意識の強いままビジネスに取り組んできた人は少なくないだろう。その原因の1つは、国語教育である。小学校時代の作文では「原稿用紙の最初の1行目は1マス空ける」などの原稿用紙の使い方は習うが、論の組み立て方、読み手への伝え方は習わない。

「これからは兄弟げんかせず、弟と仲良くやっていこうと思います。」という締めがあったら、先生はその道徳的な部分を評価するが、それは作文の評価、指導ではなく、生活指導だ。そういう教育の下で育ってきたから、いざ文章を書くときに自分の伝えたいことを伝えられない。道徳的な正解に向かって文章を書くのである。

メールから変える

だから、書くときに身構えてしまうのだが、本来はお酒の席で本音を話すのと同じように文章も書けるはずだ。文章は決して、仮面をかぶって書くものではない。

確かに問題は根深い。だが、日頃からそんな意識を持って、書くことに向き合っていると、身の回りの風景が徐々に変わってくる。

例えば、ビジネスメールを書くとき、冒頭に「平素よりたいへんお世話になっております。」のような定型文を入れる。その定型文はマナーとしては正解なのだが、それに続く文章も定型に近い、カチッとしたことを書かなければいけないと思い込んでしまう。本当はそうではない。

それを避けるための方法を1つ教えたい。最初は冒頭の2~3行の定型文を書かずに、自分の伝えたい本題から書く。書き終えた後に、定型文を上に載せればよい。順番を逆にするだけで案外、自由な気持ちになれる。

次に触れておきたいのは、相手に時間を使わせないことだ。その昔、作った本がつまらない場合、読者からは「金返せ」という批判が返ってきたが、今は「時間を返せ」と言われる。みんな時間で価値を測るようになった。つまらない要件で無駄な時間を過ごすことが、最もストレスになる時代なのだ。

私はこの2021年、『取材・執筆・推敲　書く人の教科書』という定価3000円（税抜き）の本を書いたが、値段をめぐることよりも、この読書で無駄な時間を過ごしたのか、よい時間を過ごしたのかという時間の問題で意見を寄せる人が多い。

メールにしても企画書にしても、相手に時間を使わせない、即座に理解できるポイントのまとめ方が必要となる。例えば「1、2、3」と番号付きで、箇条書きにする。ライターの私が言うのもなんだが、味気なくても相手の時間の節約につながればよい。5～6枚にわたる企画書ではなく、パッと見てわかるものを相手に示す。お互いのコミュニケーションコストを引き下げるものがよい。こうした傾向は新型コロナの蔓延で加速しているように思える。手を抜くということではない。むしろ書く文章の精度は高くなければいけない。

本質を押さえるために、言葉を文字にすることの原点についても考えてみたい。手紙である。

ラブレターを書く目的は、読んだ相手に自分と付き合ってもらうことだ。相手の反応が「ああ、そうですか」で終わったら、書いた意味はなく、その目的を達成したことにならない。相手が自分の望むリアクションを取ってくれる。感情を変えたり、行動を変えたりしてくれて初めて、その文章は意味を持つ。

ラブレターの図式で考えると、皆さんが書くブログやツイートの多くは、「好きだ、好きだ！」と書きまくって満足しているだけで、その先にある目的に届いていない。論理の組み立てが不十分で、途中で疲れて読めなくなるものも多い。

文章の面白さは必要だし、リズムも大切になってくる。技術があっても、「こんなに上手だぞ」と自慢するだけでは、相手には届かない。自分が伝えたいことを伝える。もう一歩踏み込んで、受け取った側がどう感じるかを考える。

例えば、一度会ってから間もないときに送るようなメール。相手に時間を取らせないことが前提だが、「先日はどうもありがとうございました。」のようなビジネスライクな文章の間に、情感を込めた一言があってもよい。すると、もう1回会いたいという関係ができ上がる。

スタンプを使わない

仕事関係の人とLINEをする機会も多いだろう。LINEでスタンプを送ると、その気軽な感情表現に文章が負ける。「重版決まりました。」という連絡が編集者から来たときに、大喜びしているイラストのスタンプを送るのと、「どうもありがとうございます。」という文章を送るのと、どっちが感情をより豊かに面白く表せるかといったら、スタンプになる。

文章における感情表現のツールは、せいぜい「!」「?」(笑)……。だから私もメールでは「!」を5つ並べたりしてしまうが、それに慣れてしまうと、文章力は弱っていく。「筋力」が失われるのだ。それを意識するようになってから、スタンプや記号をなるべく使わないようにした。本来の日本語は、疑問符や感嘆符がなくても、きちんとした表現ができる言葉である。楽な道に逃げずに自分の感情をしっかり伝えることが、文章力の維持、強化につながる。

定型文を後回しにするということに似た話をもう1つ。男性の場合、普段、日常で話すときの主語は、「僕」「私」「俺」とさまざまだが、ビジネスメールの場合は、「私」

という丁寧な一人称になる。

普段「僕」でしゃべっている人が、「私」を主語にした文章を書くと、それだけで身が硬くなり、自由に書けなくなる。たとえビジネス文であっても、まずは普段自分が使っている主語で書くといいだろう。「僕」を使っている人は、「僕はこう思います。」のように書いて、最後に「僕」を「私」に一括変換する。そうすれば、自然に書いたフラットな文章になる。

「私」を使う女性は、主語の不一致がほとんど起こらない。ライタースクールで作文をしてもらうと、8対2くらいの割合で女性のほうが圧倒的に面白い。男性はどうしても肩に力が入ってしまう。その大きな原因は主語の違いだと思っている。「俺」の人は「俺」で書いていい。主語が変わるだけで、書くときの自由度は違ってくる。「私」という仮面を剥ぐことから始めたい。

古賀史健（こが・ふみたけ）

1973年生まれ。出版社勤務などを経て独立。『嫌われる勇気』『幸せになる勇気』（岸見一郎氏との共著）、『20歳の自分に受けさせたい文章講義』など著書多数。

うまくなりたい！

文章力を短期間で劇的に引き上げる「10原則」

作家／多摩大学名誉教授・樋口裕一

文章を劇的によくする10の原則を紹介したい。

① 型を使って論理的な文章にする

文章を書くとき、最初にこれを書き、次にこれを書く……といった論理的な構成、すなわち「型」を応用するとつねに論理的に書くことができる。以下に基本的な3つの型を示す。これらの「型」を多くの人がすでに習慣的に使っていると思うが、より明確に意識化することによっていっそう論理的でわかりやすい文章にできる。

●頭括型（短い文章に有効）

第1部　ずばりと結論を書く
第2部　内容を説明する
●尾括型（短い文章に有効）
第1部　理由などを説明
第2部　結論を示す
●4部構成（長めの文章に有効）
第1部　問題点を示し、「これについてどうするべきか」と問題提起をする
第2部　「確かに、このような対案も考えられる。その言い分も理解できる。しかし、それよりも次の方法を取るべきである」というように、対立意見を考慮したうえで自説を示す
第3部　自説の根拠、自説を実現するための方法などを説明する
第4部　結論

②　具体例を示す

「これからのビジネスパーソンには問題発見力が必要である」とだけ書いても、書き手が何を問題発見力と呼んでいるのか、具体的に何を求めているのかが読んでいる人には伝わらない。抽象的に書いたら、読んでいる人が思い浮かべられるような具体的な内容を示すのが文章の基本だ。具体例を示してこそ内容が伝わることを肝に銘じておく必要がある。

③ 抽象的なまとめを加える

抽象的に書いたら具体例を加えるのと同じように、逆に具体的に書いたら、つまり何を言いたいのかを抽象的にまとめる必要がある。一般の文章は小説ではないのだから、登場人物の行動だけ書いて解釈を読者に委ねるわけにはいかない。具体的な内容を示した後、「つまり、現状を改める必要がある」「つまり、この会社は伸びていく要素を持っている」などと抽象化を加えてこそ、読んでいる人は納得する。

抽象化と具体化が適切かどうかで文章のわかりやすさが決まるといっても言いすぎではない。

④ 目に浮かぶ具体例にする

具体例を示すとき、読んでいる人がイメージしやすい内容であるかどうかで説得力に差が出る。「そのイベントには各地から人が集まっていた」と書くのではなく、「イベントの駐車場には、栃木ナンバーのほか、品川、神奈川、山形、福島などのナンバーも交じっていた」とするほうが目に見えるようになって読み手も納得する。

また、色や形を思い描けるような表現を加えると、文章が生きてくる。「山にはつつじが咲いていた」とするよりは、「山には、真っ赤なつつじが連なっていた」とするほうがイメージしやすく、その文章の説得力が高まる。

⑤ 一文を短くする

1つの文は短くするのが望ましい。60字を目安とし、それを超したら自分が長い文を書いていると自覚するべきだ。一文が長くなってしまうと、読み手が文脈を追いにくくなる。書いている側も主語・述語などの関係が曖昧になって、つい文法的に誤った文を書いてしまうことになりかねない。

1つの文にあれこれ詰め込み、「○○○して、○○○して、その後、こうなって」と文をつなげるのではダメ。まず言い切って、次の文でそれを補足するように心がけるべきだ。「○○○した。なぜなら、○○○。その結果、○○○」というように書くほうがわかりやすくなる。

⑥ 羅列するより絞って説明

何かの根拠や理由を書くとき、きちんと説明しないまま、5つも6つも羅列する人がいる。だが、それでは読み手に伝わらない。きちんと説明しないまま、たくさんのことを示すよりは、数を絞って、きちんと説明するほうがずっと説得力が出る。もし、字数の関係で十分に説明できないのであれば、その項目については初めから触れないほうがよい。

⑦ 反対意見を意識する

何を書くにせよ、「それにはどんな反対意見があるか」をつねに意識する必要がある。正反対の意見を持つ具体的な人(例えば、上司やライバル)を頭に思い浮かべながら、

「その人なら、これにどんな反論を加えてくるか」を一つひとつ意識して書く。誰からも反対されそうにない文章を書く場合にも、「もし、これに反対意見があるとすればどんな意見か」と考えてみる。そうしたうえで、自分の考えを補強することで、説得力のある文章になる。

⑧「確かに、しかし」を活用する

文章を書いている途中、自分の意見とは対立する意見を思いついたときには、「確かに、こんな反対意見もある。それにも道理はある。しかし」というふうに、その意見を取り込んだうえで反論を加えることを考える。「確かに」の後に的確な対立意見を示し、それに手際のよい反論を加えると、説得力のある文章になる。こうすることで、幅広くさまざまなことを考慮したうえで判断していると読み手に示すこともできる。

⑨「理由は3つある」を使う

いくつかのことを書くときは、「理由は3つある」などと初めに示しておくのが望ましい。そうすることで、読み手に心構えの時間を与えることができる。また、文章を論理的に展開することもできる。

使える字数にもよるが、何かの理由を語るとき、2つや4つよりも3つが望ましい。2つでは説得力不足になりがちで、4つ以上だと多すぎて読み手は理解に手間取ることになる。

なお、その場合、説得力ある順に書いていくと、竜頭蛇尾になってしまう。最後の理由に説得力のあることを書いてこそ、読み手は深く納得する。

⑩ さまざまな立場から推敲する

書き終わった後には推敲する必要がある。その場合、さまざまな立場になって読み返すべきだ。会社関係の書類を書いている場合には、別の部署の担当者、若手、ベテランがそれをどう受け止めるかを考える。実際にその文書を読む人だけでなく、それを読まない人の身になって考えてみる。そして、不足を感じたら、修正を加えて文章を完成させる。

〔おさらい〕10原則を実行しよう

①型を使って論理的な文章にする
②具体例を示す
③抽象的なまとめを加える
④目に浮かぶ具体例にする
⑤一文を短くする
⑥羅列するより絞って説明
⑦反対意見を意識する
⑧「確かに、しかし」を活用する
⑨「理由は3つある」を使う
⑩さまざまな立場から推敲する

樋口裕一（ひぐち・ゆういち）
早稲田大学第一文学部卒業。立教大学大学院博士課程満期退学。1991年に小学生から社会人までを対象とした小論文・作文通信指導塾「白藍塾」を設立。文章術・会話術の著書多数。

「A4」1枚の企画書で上司を納得させる方法

「1枚」ワークス社長・浅田すぐる

★企画書のポイント

①紙1枚という制限で思考を整理
②3つの疑問に答える企画書を作る
③砕けた表現を硬めに変換し完成

私は会社員時代、トヨタ自動車で毎日のように「紙1枚」の資料を作成し、それでプレゼンテーションをしながら仕事を進めてきた。

当初は先輩が作成した資料を参考に作り、上司に提出すると真っ赤に添削されて返ってくることばかりで大変だった。そこで気づいたのは、紙1枚にまとめると、思考が整理されるということだ。紙幅に制約があることで、「何のための業務なのか」「真の原因は何か」「どういった行動が最も効果的なのか」といった本質的な自問自答や思考整理ができるようになる。考えが研ぎ澄まされることで、適切な言葉選び、的を射た文章術が身に付いた。簡潔にまとまった資料は読む側にとっても理解しやすい。よって、企画書でもまずは思考を整理したうえで、形にするのが前提となる。

3つの疑問を解消する

次表は、ホームページのリニューアルに関する企画書の例である。ポイントは「3つの疑問」、すなわち「Ｗｈｙ」「Ｗｈａｔ」「Ｈｏｗ」を解消した内容になっていることだ。

説明0秒を目指せ

○○部長殿、ホームページ関係部署各位

20××年○○月○○日
Web推進グループ

ホームページの英語版リニューアル実現に向けて

1．リニューアル目的

要点	詳細
① 現状は場当たり的に運営	・現状の英語版ホームページ（HP）は、日本語ページの運営の片手間で行われている ・予算が余っている時、部分的に英訳している状況
② 英語版の立ち位置が不明瞭なまま	・「どこの企業も、英語版のページくらいもっていて当然」という程度の出発点のまま、現在に至る →戦略的意図が見えず、HPの位置づけが曖昧
③ 来年から海外展開を強化という全社方針	・今後は海外展開を積極化する方針が決定（××年８月） →方針に沿う形で、英語版HPの早急な見直しが必要

2．リニューアル内容

要点	詳細
１）HP運営目的の明確化	・今回の海外展開の強化は、法人領域に限定した話 ・国内市場のようにBtoC市場をメインとする必要はない →英語版HPは法人向けのHPとして抜本リニューアル！
２）コンテンツの絞り込み	・ホームページの対象が日本語版とは大きく異なるため、法人向けに必要なコンテンツのみをピックアップし、後は削除 ※例：「会社概要」は残すが、「商品一覧」は削除、等
３）新規コンテンツの制作・追加 ※必要な場合に限り実施	・法人向けに新コンテンツが必要な場合は、新規に制作を検討 ※現状のコンテンツ一覧は別添を参照 ・必要な場合に限り実施、予算を最小化

3．今後の進め方

要点	詳細
a）期限：来年3月末までに公開	・来年度のスタートとなる××年４月以前にリニューアルを完了 ・新年度の社長プレゼン時に、このトピックを加えてもらう （法人営業担当への周知徹底も兼ねて）
b）3社コンペで制作会社を決定 ※品質とコストの両面で精査	・過去に日本企業の海外版HPを多数制作した実績をもつ３社を選定し、コンペを実施 ・２カ月以内に発注先を決定（オリエンを早急に実施したい）
c）予算は2パターンを想定： ・新規コンテンツなし：200万円以内 ・新規コンテンツあり：300万円以内 ※日本語版は当時500万円で制作	・新規コンテンツの要否についてはコンペでの各社提案も踏まえて判断したい ・年度内に完成できる範囲内で、発注金額を最終判断

（出所）『驚異の「紙１枚！」プレゼン』

例えば、「リニューアル目的」は、なぜしたいのかという「Ｗｈｙ」に該当する部分。「リニューアル内容」は何をするのかという「Ｗｈａｔ」、「今後の進め方」はどのようにするのかという「Ｈｏｗ」に当たる。これらの疑問に対して明確に答えられる企画書を作りさえすれば、目の前に上司や役員がいようとも、納得を得やすくなるのだ。

具体的には、３つの疑問に対して要点を３つ挙げたうえで、詳細を記す。要点に関してはシンプルに書き出し、詳細全体は長くしすぎない。１文は２０字以内に収めるのが理想的だと考えている。諸説あるが、一般的な原稿用紙は1行が２０字で、五・七・五の俳句も句読点を入れると２０字になる。日本語はこれだけ文字数があれば意味を表現できるので、それを目指すのがいい。重要なのは、シンプルな文章にすれば、内容・目的が伝わりやすくなることだ。

こういったフォーマットを前に、思考を整理しながら資料化できる人はいいが、アイデアが浮かびにくい人もいるだろう。その場合は、いきなりパソコン上で資料作成に取りかからず、まずは「手書き」での思考整理を優先しよう。

企画提案であれば、紙1枚に「なぜ、この企画をやりたいのか?(Why)」「この企画の概要は?(What)」「どうやって企画を実現していくのか?(How)」の3つの問いを書き出し、それぞれの答えを記していく。私はこれを「紙1枚」思考整理法と呼んでいる。すべて書き終えると、企画書フォーマットにも落とし込みやすくなるはずだ。

その際、思考を整理するときは「砕けた表現」で書いて構わない。例えば「紙1枚」思考整理法の時点では、「何が問題?」「これからどうする?」くらいの表現で、手書きの回答もカジュアルな言葉遣いでよい。いきなりビジネス的な表現にしようと考えると、それにとらわれて、うまく言葉が浮かばないことがある。自分にとって親近感のあるフレーズのほうがアイデアが湧きやすく、思考整理にかかる時間を短くすることができる。

ただし、カジュアルすぎる言い回しは、フォーマットに沿って資料化するときに、硬めの表現に変換しておきたい。「何が問題?」は「現状の課題」「課題認識」、「これからどうする?」は「対応策」という具合である。ビジネス文書に適したワードに言い換える。

1枚にまとめる企画書については、基本的にビジュアル要素は必要ないと考えている。それを一目見るだけで内容を理解してもらえるのが理想的だからだ。どうしても図表などで補足が必要であるなら、添付資料にすればよい。

読み手としても、図表を確認すれば、疑問点がすぐさま解消できるくらいの役割が望ましい。中には大きくビジュアルを載せて、「口頭で補足する」という人もいるが、それは逆の発想だ。見るだけで理解してもらえるのが理想的な企画書であり、毎回このパターンで進めると、受け手もそのフォーマットに慣れてくるため、口頭での説明自体が不要になっていく。ある意味、「説明0秒」の究極のプレゼンが実現するだろう。型にはめた企画書を作ることで時短になり、思考整理や資料化、さらにはほかの業務にも注力できるようになる。

以上、企画書作成の要点を解説したが、肝心なのは思考を整理し、伝えるべきことを伝えられるようにすることだ。資料はあくまでも伝える手段にすぎない。今なら、ウェブミーティングで資料を使わずにプレゼンするシーンがあるかもしれない。紙

1枚に集約する過程で頭の中も整理されると、自身の考えが研ぎ澄まされるだろう。この思考整理法を身に付ければ、急なウェブミーティングにも対応できることになる。

浅田すぐる（あさだ・すぐる）
トヨタ自動車入社後、海外営業部門に勤務。「紙1枚」仕事術を修得・実践。グロービスを経て独立し、社会人の教育を支援。『トヨタで学んだ「紙1枚！」にまとめる技術』など著書多数。

新聞記事のような報告書が目に留まる

ジャーナリスト／報道イノベーション研究所社長・松林　薫

★報告書のポイント

①いきなり書き出さない
②スケルトンに当てはめる
③1文は40字～最長60字

ビジネス文書でありがちな失敗は、データなどがそろっていても、何を言いたいか明確ではない文書になること。伝えることよりも文書を作ることが目的になっているからだ。そうならないためには、次表のような「スケルトン（設計図）」を参考にしよう。

新聞の手法で書いてみよう！

報告書のスケルトン例（序論・本論・結論の3部構成）

仮見出し　本質・結論をワンフレーズで表現

（メイン見出し）半導体不足、影響は意外に広範

> 最初に決めて、執筆の指針にする。1本見出しなら15字、メイン・サブの2本なら計25字が目安。「昨今の半導体不足の影響について」といった漠然とした表現は避ける

序論　問題提起、概要説明

- 半導体不足、当社のビジネスに影響は？
- 「自動車生産に支障」との報道相次ぐ
  経済紙、ビジネス誌、海外メディア
- 取引先にも影響の兆しが
  A 社：営業車両の購入を延期
  B 社：電子機器の生産機種を絞り込み

> 1段落＝1行で、箇条書き。仮見出しと同様、本質・結論をワンフレーズで。執筆時は1段落を100～150字で書く

> この段落のまとまりが「モジュール」

本論　分析

- 半導体不足の主因は３つ
  ① 米中対立で「脱中国」が進行
  ② コロナ禍でリモートワーク関連機器の需要増
  ③ メーカーの工場火災
- 自動車以外にも広範な製品の生産が滞るおそれ
- 電子機器は納期遅れ、値上げのリスク高まる
- 影響は少なくとも2022年上半期まで続く見通し

> 段落や、段落中の小項目は「時系列」「因果関係」「降順（重要→さまつ、全体→細部、抽象→具体）」のいずれかに従って並べる

結論　分析結果のインプリケーション、提言

- 各部署で備品の購入計画見直しが必要
- 当面は下半期のパソコン更新に支障か

> 箇条書きの行数から、全体の字数が概算できる。この例は10行なので1000～1500字になる

＊上司にスケルトンの段階で承認をもらっておけば、書き直しの手間が省ける
＊執筆チームでスケルトンを共有し、「モジュールごと」「段落ごと」に担当を決め、分担して書くことも可能。その場合は最後に１人の「アンカー」が各人の原稿を集めて１本にまとめる

私が日本経済新聞で記者をしていた頃、報告書など1000文字を超える文書を作る場合は、これを基に構成を決めたうえで清書していた。

一見すると二度手間に思えるが、むしろ逆だ。考えながら書き出すと、途中で段落や文章を入れ替えたり、文字数が足りない・余るなど不都合が起きたりして、かえって時間がかかってしまう。それよりは、何を伝えるかを絞り込んだうえで書き始めたほうが効率的で、わかりやすい内容になる。

見出しは最初に考える

ここでは序論、本論、結論の3部構成の報告書を事例に挙げた。

最初に決めるのは、本質・結論をワンフレーズで表現する「仮見出し」だ。「文書を書き終えてから考えればいい」と思いがちだが、先に着地点を決めることでポイントがぶれない。「○○について」といった漠然としたテーマではなく、報告書で述べる重要な要素を盛り込む。また、仮見出しはあくまでも文書を書くための指針である。全体が完成したら、キーワードを引き立たせるため体言止めの表現にするなど、体裁を整えて提出するのがいいだろう。

報告書は序論、本論、結論という3つのモジュールを組み合わせて全体を構成する。序論は論じるテーマと動機を明らかにする導入部分で、問題を提起するパートだ。本論では、序論で明らかにした疑問・問題を分析する。結論では、本論で明らかにした事実に基づく主張や、残された課題をまとめる。

各モジュールの構成については、最初に1段落1行で要点を箇条書きにし列挙していく。段落の流れは「時系列」「因果関係」「重要度の高い順」「全体像から細部」から選ぶことになるが、読む相手が理解しやすいものにする。

各段落の箇条書きが出そろったら、1段落を100〜150字で文章化する。その際は、箇条書きの部分を段落中の小項目に採用しても構わない。ただし、1文は40字から長くても60字以内にまとめること。センテンスが長いと書き間違いが起きやすくなり、読み手の誤読率も上がるからだ。40字を超えそうなら2文に分けてもいい。

また、新聞の記事は無味乾燥で文学的ではないが、報告書も同様だ。「非常に」「極めて」といった形容詞、装飾を施した文学的な表現は、読み手側の解釈に幅が出るので、正しく情報が伝わらないおそれがある。

一方、事例や数字を入れると文章に具体性が生まれ理解しやすくなる。これに留意しつつ、必要のない情報は削ってシンプルにまとめたい。実践することで1文40字が身に付く。

「1つの文で伝えることは1つに絞る」という点も心がけたい。文章が長くなると多くの情報を詰め込むことができるが、途中で主語が入れ替わったりして、読み手が混乱してしまうだけ。「1文1意味」の原則を守ると読みやすく理解しやすい。加えて「〜された」という受け身の表現は行為の主体が曖昧になりやすい。例えば、「○月○日に会議が開かれた」という文は文法的に間違ってはいない。ただし、この文だけでは5W1Hでいう「Who」が抜けている。情報漏れを防ぐには、「○○は○月○日に会議を開いた」と、能動態で文章を書くことだ。

本論で書くポイントの数は、4±1が基本。多すぎると書くのが大変で、読むほうも覚えられない。5つ以上になる場合は表にまとめるとよい。重要なエビデンスは図表やグラフで表現し、一目瞭然になる。

スケルトンに沿って構成が決まれば、まずは全文を書いてみることだ。「てにをは」

や、つながりの悪さはこの時点で気にする必要はない。すべてを書き上げたら読み返し、最後の推敲で手直しする。文章をゼロから生み出すのは大変な作業なので、しっかりと集中する。それに比べると、すでにある文章をわかりやすく書き直すのは易しい。両者を切り分けて考えると、効率的に報告書が完成するだろう。

推敲時には固有名詞や数字などのファクトチェックも必ずすること。近年は速報性を重視することから、ウェブメディアのニュースは公開後に修正される場合もある。参照元の情報に変更はないか確かめることは極めて重要だ。

箇条書きの数が決まると、トータルの文字数も概算できる。全体を書き上げるまでの時間も予想がつく。書き始める前の段取りを重視すれば、筋の通った報告書をスピーディーに仕上げられるようになるはずだ。

松林　薫（まつばやし・かおる）
1973年生まれ。京都大学経済学部卒業、同大学院経済学研究科修了。日本経済新聞社を経て独立。現在、社会情報大学院大学客員教授。著書に『迷わず書ける記者式文章術』など。

【社外文書】突っ込まれない！

隙がないビジネス文書は役所の文章を研究せよ

文章の危機管理コンサルタント・小田順子

★ビジネス文書のポイント

①役所の文章には特殊なルールがある
②安易なまねは誤解を招く
③国語分科会の提案が役立つ

公務員の書く「お役所文章」は、非の打ちどころがない。まねておけば、格式高く、隙のない文章が書ける——。もし、単純にそう思っている人がいたら、それは非常にキケンであることを、まずはお伝えしたい。

筆者は元公務員であり、数多くの「お役所文章」を読んだり書いたりしてきた。現在は独立し、文章の危機管理コンサルタントとして、文章の書き方に関する書籍を書いたり、コンサルティングや講演を行ったりしている。

そんな中で繰り返し目にするのは、ちょっとした勘違いによって、突っ込みどころのある「隙のある文章」を書いてしまっているケースだ。

これは役所だけではなく、企業も同じである。いったい、どこがキケンなのか、以下で解説する。

世間のルールとは異なる

役所の文章のルールを知らずにまねると、人によって解釈が異なる「隙のある文章」となるおそれがある。それが次表の上の例文だ。

役所の文章を単純にまねない

× 突っ込まれる余地あり

お子様向けプランにご加入いただける方は、満期日において満23歳未満の方または学校教育法に定める学校に在籍する方および入学手続きを終えた方で扶養者がいる方となります

○ 誰が解釈しても結果は同じ

お子様向けプランにご加入いただける方は、満期日において、以下の①～③いずれかの条件を満たす方です
①満23歳未満の方
②学校教育法に定める学校に在籍する方で、扶養者がいる方
③学校教育法に定める学校への入学手続きを終えた方で、扶養者がいる方

役所の文章をそのまままねて書いた上は、文章構造に問題があり、わかりにくい。下の例文のように、箇条書きで短文化するといい

これは民間企業の「お子様向けプラン」の加入条件を説明したものだ。ここで問題なのは、「学校教育法に定める学校に在籍する方」で、扶養者がいない人は加入できるのか、できないのかだ。

実は加入できないのが正解なのだが、加入できると解釈する人もいるであろう。なぜならば、「または」や「および」がどのような意味を持っているか、言い換えれば、どこに係り、どういう文章構造になっているのかがわからないからである。

結果、トラブルとなることも予想される。これは役所の文章に倣って、隙のある文章を作ってしまった典型例だ。ビジネス文章は、「誰が解釈しても答えが同じ」になるよう書く必要がある。

実はこの箇条書きによる書き換えは、国語分科会からの提案に書かれていることでもある。国語分科会とは、国の文化審議会に属する会議体で、日本の国語施策をテクニカルな側面から検討する、いわば「専門家会議」である。

その国語分科会から、令和3年3月12日に、「新しい『公用文作成の要領』に向けて（報告）」が提案された。これは、国の文章の書き方を見直したもの（70年ぶりに！）

だが、自治体や企業など社会一般でも役立つ内容だ。

ここに記されている新しいルールは、

① 1文が50〜60字程度になってきたら、読みにくくなっていないか意識する
② 厳密さを求めすぎない
③ 文書の目的や種類、読み手にふさわしい書き方をする

など、具体性の高いものや、時代に即した画期的なものも多数ある。

先の表では、上の例文が80字程度で、下はいちばん長い文でも50字程度である。

このように、一文の長さが50〜60字程度に収まるよう意識すれば、複雑な文にはならない。これは、誰でも使えて客観性の高い、「わかりやすさの物差し」となる。

そもそも国や自治体の業務はすべて、法律に基づいて執行されている。そのため、行政の文章は法律の書き方と同じルールにするという「お約束」が、半世紀ほど前から存在する。

例えば、「申し込み」を「申込み」と書くなど、世間一般とは異なるルールもある。

学校教育では「申し込み」と習うが、法律・行政の世界では、執務効率を優先するため、送り仮名を省略するケースが多くあるのだ。

このような特殊なルールの1つに、「又は」「及び」といった接続詞の使い方がある。社会一般でもよく使われる語ではあるが、これが法律や行政の文章で使われたときは、特定の意味を持つ。考えてみれば当然のことだ。言葉の定義や明確な規則がなければ、人によって解釈が異なってしまう。それでは、法律や条例、各種規則の存在する意味がない。

しかし、こういったルールを世の多くの人は知らない。そのため、安易に役所の文章をまねると、理解してもらえなかったり、誤解されたりするのだ。

法律や行政の文章では、「及び」「並びに」は「A and B」、つまり「AとB」という添加・並列の意味だが、「並びに」は単独では使わない。「及び」が使われている文で、結び付きに大小があるときにだけ「並びに」を使う。

例えば「支給の始期及び終期（人事院規則）」は「支給の始期並びに終期」とは書かない。

「又は」「若しくは」は「A　or　B」、つまり、「AかB、どちらか1つ」を意味するが、「若しくは」は単独では使わない。「又は」が使われている文で、結び付きに大小があるときだけ「若しくは」を使う。

例えば「人を殺した者は、死刑又は無期若しくは5年以上の懲役に処する（刑法199条）」。この条文では、刑罰として、「死刑」か「懲役」のどちらか1つを選択する。「懲役」を選択する場合は、「無期懲役」か「5年以上の懲役」か、どちらか1つを選ぶ。これが正しい解釈となる。

こうしたルールを知らずに役所の文章をまねると、例文のような失敗をしてしまうのである。

一般的な会社員が、法律や行政で使うような文章、例えば契約書や約款を書く機会は極めて少ないだろう。しかし、それらの文章を基に、顧客向けの説明をしたり、パンフレットを作ったりするときは注意が必要である。

契約書や約款にある「又は」を「または」に換えたり、「です」「ます」などの敬語表現を追加したりするだけでは、正確に伝わらない可能性が高い。先の表の例のように大がかりな書き換えをするのがお勧めだ。とくに、加入や申請などの条件、「～の場合」といったケースごとの説明などは、箇条書きにすると、解釈の「揺れ」をなくすことができる。

「又は」「及び」などを使って厳密に書いたつもりでも、そのルールを読み手が知らなければ、結局は正確に伝わらない。稟議書や企画書など社内文書であれば、社内でだけ通用する言葉を使ってもよいかもしれない。しかし、組織の外部に出す文章は事情が異なる。文章の目的は何か、読み手は誰なのかによって、ふさわしい表現、選ぶべき言葉が変わってくるからだ。

「隙がない文章」は、「格調高く厳密に書いた文章」ではなく、読み手が理解できて、誤解のしようがない文章である。

小田順子（おだ・じゅんこ）
東京・中野区など役所に約19年間勤務。法律や約款など難解な文章をわかりやすく書き換えることを得意とする。『令和時代の公用文 書き方のルール』など著書多数。

提案書は商談相手の状態踏まえリアルな表現で

AND CREATE代表取締役・清水久三子

★提案書のポイント

① 商談相手の状態を把握する
② リアルなイメージが湧く表現を
③ 皆に効くキラーフレーズはない

扱うのがモノであれ、サービスであれ、商談は多くの場合、顧客に何らかの提案をすることから始まる。このときにまず意識しなければならないのは、「現在の相手の状態」だ。次図はそれを4段階で示した。

相手の状態を知ろう

◆ 提案メッセージ作成における「Why」

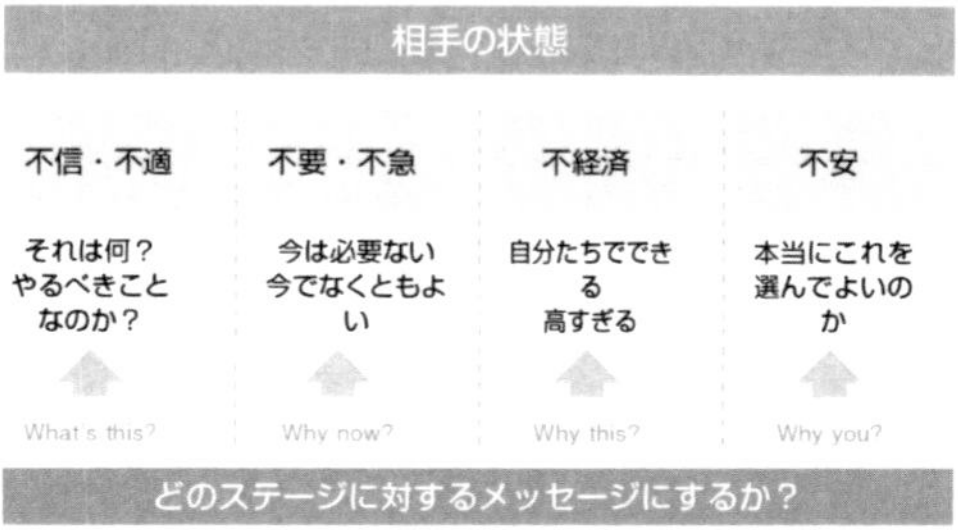

相手の状態			
不信・不適	不要・不急	不経済	不安
それは何？やるべきことなのか？	今は必要ない今でなくともよい	自分たちでできる高すぎる	本当にこれを選んでよいのか
What's this?	Why now?	Why this?	Why you?
どのステージに対するメッセージにするか？			

文章を書き始める前、プレゼン資料を作り始める前にやっておくべきなのは、「今、商談相手がどういう状態か」を把握すること。これを営業活動のスタート地点と考えよう。まずは4つの段階を簡単に説明し、次に各段階へのアプローチの仕方を押さえていく。

最初は①「不信・不適」のステージだ。このとき商談相手が何を考えているかというと、「それは自分にとって本当に必要なの？」である。つまり必要性・必然性を感じていないのだ。

これを乗り越えると、②「不要・不急」というステージに移る。この場合の不要とは、要らないという意味ではない。必要なのはわかったが、重要度や緊急度が高いわけではない、という状態だ。

3つ目は、③「不経済」のステージ。本当にこの支払額の価値があるのか、と商談相手が疑問に思っている状態だ。

最後の段階が④「不安」。数ある選択肢の中からこれを選んで、本当に間違いないのか。まだ迷いが残っている。

では、この各段階にどう対応していけばよいのだろうか。

商談の相手は忙しい

まず、①「不信・不適」の段階では、必要性を丁寧に説明し、「どうして自分に、あるいは自社にそれが必要なのか」を理解してもらう必要があるだろう。

②「不要・不急」では、商談相手にとっての優先順位を上げられるようアプローチしていく。多くの商談相手は非常に忙しい。そんな中では、相手にとっての重要度と緊急度が上がらなければ提案を受け入れてはもらえない。「ほかにもやるべきことは多いが、これは確かに重要だから急いだほうがいい」と思ってもらうにはどうすればいいかを考えたい。

③「不経済」では、「お金をかけるくらいなら自分たちだけでやろう」、あるいは「ちょっと高すぎるんじゃないのか」といった話が出るかもしれない。経済性が問われるのだ。ここでは例えば、商談相手が自分たちだけでやろうとした場合のリスクや、

実際にかかるであろう時間・費用を提示することが有効かもしれない。ほかのいろいろな選択肢と比べても高い買い物ではない、と訴求していく。

④「不安」では、最後の迷いや不安を払拭しなければならない。競合と比較したうえでのメリットや、「このサービスはすでに数百社に導入していただいています」という実績を情報として伝えるといいだろう。これを選んで間違いない、と相手が安心できるような情報を投げかけていく。

このように、商談相手がどの状態かによって、どんな情報が響くかは異なるし、アプローチの仕方も変わってくる。例えば、①「不信・不適」の段階だとしたら、経済性や実績を伝え続けてもあまり意味がないだろう。そもそも必要とされていないことを踏まえれば、まず伝えるべきことが「安いです」「たくさん売れています」でないのは明らかだ。

最新カメラをどう売る?

具体的な例からも考えてみよう。ここでは、最新式の高機能な一眼レフカメラを薦める2つのシナリオ、カメラマニアのAさんへと、カメラ初心者のBさんへの営業トークを想定する。

まずは、カメラは好きだが現時点ではとくに欲しいものがないAさんへのメッセージだ。カメラに詳しいAさんには、「新モデルが発売されます」「これまでにない機能も加わりました」と、スペックを細かく説明することで、購買意欲を高められる可能性が高い。

一方、スマホカメラで十分というBさんには別のメッセージが必要だ。「運動会シーズンですね」「動き回る子どもを撮影するのにぴったりの機能もありますよ」など、実際に使用するシーンを想起させる言葉、Bさんのライフスタイルに合わせた提案をしたい。

どちらのシナリオでも、メッセージが相手にとってどのような意味を持つか、が極めて重要だ。

どのような商談でも意識したいのが「リアリティーのある表現」だ。後にいくつかの例を挙げたので、まずは太字部分を読んでみてほしい。どれも広告などで見かけるような、一般的な表現だ。次に、カギカッコの中身を併せて読んでみよう。太字部分だけではイメージできなかった、顧客にとっての意味が新たに浮かび上がってはこないだろうか。

〔リアリティーのある表現例〕

①**プリンター史上最小最軽量**
「初めての一体型製品のため、設置場所が半分で済みます」

②**当商品は開発に5年を費やしました**
「十分な裏付けをとったので、お客様のご要望は完全に網羅されております」

③**利率7％の高利回りな金融商品です**
「月にもう1回ゴルフに行けるだけの配当が手に入ります」

④**営業で使うカタログコストを大幅に削減できます**
「5000万円削減できるので、営業部員を5人増やせます」

⑤ 検索アルゴリズムは再現率と適合率が最高水準です

「検索精度ナンバーワンのお墨付きです。欲しい結果を漏らさず表示、余計な情報は表示されません」

⑥ ハイパフォーマンスを実現する、デュアルコアプロセッサーを搭載しています

「2つの高性能エンジンを搭載したCPUのため、動画編集とウイルスチェックが同時に行えます」

単なる説明を超え、その商品やサービスを購入、利用することで得られるメリットがリアルに感じられるようになる。もちろんこれらは、相手の置かれた立場や状況を考慮し柔軟に入れ替える必要がある。

現実に営業担当者のプレゼン資料などを見ると、こうした視点が抜け落ちたまま、「とにかく売り込み！」「とにかく詳細に説明！」と、売りたい気持ち、つまり自分の都合ばかりが前面に出てしまっていることが少なくない。そんなことでは、受け取った相手も興ざめだろう。

売り込みたい商品や自社サービスに対して、商談相手がどういった状態にあるか。それが把握できて初めて、アプローチの方針を固めることができる。相手の身になって深く考えることで、有効な言葉、響くフレーズがわかるようになる。誰もが納得するキラーフレーズなどはない。そう考えたうえで、個別化された文章や資料を作成することを心がけてほしい。

清水久三子（しみず・くみこ）
外資系コンサルティング会社にて企業変革戦略チームをリード。人材育成部門マネジャーを経て独立。著書18冊を出版し、多岐にわたるビジネススキル研修プログラムを提供。

【マーケティング】その気にさせたい！

客の心をつかむコピーはどう生み出せばよいのか

電通　コピーライター・阿部広太郎

★キャッチコピーのポイント

①　実体験に限らず「経験」を基に考える
②　ネガティブなことをポジティブに解釈する
③　「すてき」や「エモい」口癖を封じて言い換える

「言葉の企画」。コピーライターとして、私は自分の仕事をそう定義している。コピーを書く、つまり「言葉を企てる」ことは、商品やサービスのPRについて考える場面はもちろん、仕事のあらゆる面で効果を発揮する。

なぜなら、コピーを書くことで「あ、そうそう！」「わかる！」「そういうことか！」という気持ちの共有が可能になるからだ。共鳴が広がっていくことはビジネスを動かす力になりうる。

それでは早速、私が実践してきたコピーの書き方を紹介したい。まず知ってほしいのは、「コピーは3つの接続詞で書ける」ということだ。その3つとは「そもそも」「例えば」「つまり」。次図にも示したが、これをコピーのフレームと呼ぶ。ここでは例として、「アイドル」のコピーを作るという前提で話を進めていく。

コピーのフレーム
3つの接続詞でコピーは書ける

◆ 問いを立てる

「そもそも」それは何なのか？

アイドルを例に考えてみる

「例えば」　　「つまり」

経験 → 本質 → コピー

経験
- 高校のときのクラスメートはどうだろう？
- 商店街にも看板娘っていたよな？
- 先輩が、生まれた子どもの写真を毎日フェイスブックにアップしている
- うちの母親は？ かつて父親にとって？

本質
- ただかわいいのではない
- 歌って踊れるだけではない
- 人を明るくする力
- 実は、みんなの中にある

- 人を元気にする可能性そのもの？

「新しい定義」からコピーを生み出す

アイドルとは歌って踊れるタレントである、と考える人は多いと思う。だが、一度立ち止まって考えたい。それは本当だろうか？

重要なのは、「問い」を立てることだ。あるものの魅力を多くの人に伝えるために、手段としてコピーを作る。当然、ステレオタイプなイメージを提示するだけでは、「そりゃそうだ」となり、人の心をつかむコピーにはならない。その「あるもの」が「そもそも」何なのかを捉え直す必要があるのだ。

次に「例えば」で思い出していく。基になるのは自分の経験だ。高校時代のクラスメート、先輩が見せてくれる生まれたばかりの子どもの写真など、アイドルといってもさまざまな例が浮かんでくるだろう。もしかしたら父にとって母はアイドルなのではないだろうか。そんな想像が広がっていくこともあるかもしれない。

そう、ここでいう経験は実体験にとどまらない。映画や小説、漫画など、自分の頭の引き出しに入っているものなら何でもいい。普段は意識に上らないようなことでも、とにかく思い出す。経験という名の辞書をしつこく引いていく。

そして「つまり」では、本質を探究していく。「例えば」で挙げた経験について掘り下げて考え、解釈する。すると、それらが必ずしもこれまでの常識に当てはまるわけではないことに気づくだろう。

歌って踊れるわけではなくとも、アイドルとして捉えることができる人がいる。属性うんぬんではなく、人を明るい気持ちにさせる力そのものをアイドルといえるのではないだろうかと考えてみる。

そのうえで、アイドルとは「人を元気にする可能性そのもの」と自分なりに定義し直す。そこに旗を立てるような気持ちで、どのように伝えるか、言葉を磨いていけばいい。

コピーのフレームという基本を押さえたところで、次はコピーをよりよくするためにできることをいくつか取り上げたい。

「休校期間」の言い換え

1つ目は、「積極的解釈」。簡単にいえば、物事をどう捉えるか、いかにポジティブな見方をするか、である。具体例を紹介する。

ペストが流行した17世紀、英ケンブリッジ大学は2年にも及ぶ休校となった。当時、同大学にはニュートンも所属していたが、彼は万有引力の法則を、何とこの時期に発見。その後、「休校期間」のことを「創造的休暇」と呼んでいたという。

コロナ禍で外出自粛や休校の動きが広がった2020年春、私は、毎年開催していた「言葉の企画」の連続講座を通常開催できず閉塞感の中にいた。そんなときにこの話を知って、見晴らしのいい窓を見つけられたような気がした。

そこで、オンラインで実施することになった講座について、単なる「オンライン講座」ではない、ポジティブな解釈ができないかと頭をひねった。そうして生まれたのが、「未来に待ち合わせするための連続講座」だ。結果、先着100人の講座が22時間で満員に。ステイホームの日々で多くの人が「待ち合わせ」を求めていたのだ。

そのまま受け取ればネガティブなことに対し、意志を持ってポジティブな解釈をする。こうした考え方から生まれた表現が話題になることは多い。最近も、「尻腐れ」と呼ばれる見た目の悪い、しかし糖度が高く甘いトマトを「闇落ちとまと」と名付けて販売したケースが注目を集めた。

身近なところでも、「ピンチ→チャンス」「雨が降る→虹が見られる」「好きな人にフラれた↓心の痛みがわかる人になる」「人の少ない街↓閑静な住宅街」など、枚挙にいとまがない。要するに、「ものは言いよう」ということだ。

2つ目は、「すてき禁止」。つい使ってしまう口癖のような言葉やフレーズはないだろうか。私の場合は「すてき」がそうだった。最近よく聞く言葉だと「エモい」だろうか。こうした言葉は便利だ。何にでも使えてしまう。だからこそ、言いそうになったらほかの言い方を探す。すると、表現の幅が広がり、言葉がより豊かになっていく。

3つ目は、読点の打ち方だ。何げなくの区切りで打ってしまいがちだが、その位置によってコピー全体の印象が変わる。基本的に、目立たせたい言葉のすぐ後に打つことを意識するといいだろう。

言葉選びに対する執着を持とう。最初からうまく書けなくていい。真摯に取り組めばコピーは上達する。才能とは、かけた時間だ。

阿部広太郎（あべ・こうたろう）

「企画でメシを食っていく」主宰。最新刊は『それ、勝手な決めつけかもよ？ だれかの正解にしばられない「解釈」の練習』（ディスカヴァー・トゥエンティワン）。Twitter : @KotaroA

部下を激励・社長に直訴　文豪たちに学ぶ手紙戦術

手紙文化研究家　コラムニスト・中川　越

★手紙のポイント

① 突き落としてから可能性を賛美
② 相談の手紙は警戒の壁を溶かす

渋沢栄一は借金の断り状について、「諄々（じゅんじゅん）事情を説いて、成（なる）程（ほど）と其（その）応じ難き理由を納得せしむる方が、甚（はなは）だ好ましい」と述べ、相手をいたわりながら所期の目的を遂げることの大切さを説いている。ともすれば関係を壊しかねない、鼓舞する、口説く、といった高度な手紙も同様の注意が不可欠。加えて、個別の相手の心に響くよう、戦略を選ぶ必要がある。その戦略のヒントを、天才文章家、文豪たちの手紙から学ぶことにしよう。

部下を鼓舞する手紙

愚弄と称賛の落差で奮起を促進〈正岡子規型〉

褒められると成長するタイプと叱られると奮起するタイプとがあるが、アメとムチを同時に使うと、一層効果的な場合がある。俳人正岡子規は、弟子の河東碧梧桐の文章を、まず次のように酷評した。

「只今貴著をよんで大（おおい）に失望せし…悲しくも勇ましくも嬉しくも面白くも思わざるなり。…貴兄は之（これ）を以（もっ）て天下に誇るに足るとなすか」

次いで今度は逆にこう褒めた。

「貴著は乱雑粗暴支離滅裂なり　然（しか）れども其（その）支離滅裂の中に一点の光彩燦然（さんぜん）として掩（おお）うべからざるものあり」

どん底に突き落としてから、燦然と輝く可能性を賛美したのだ。

そして、この手紙の文末に、「御一読の上（うえ）火上」と加えた。〈不愉快でしょう。読んだら燃やしてしまえ〉という意味。いたわりが行き届いている。現代のメールなら、「読んだら消去」となる。

なお、弟子はこの手紙を燃やさず終生保管し、成長の糧とした。

意固地の扉を開いて優しく応援〈夏目漱石型〉

「北風と太陽」の教訓に従えば、固く閉じた心を開かせるのは、厳しい北風のような叱咤ではなく、太陽のような温かなアドバイスかもしれない。そんな作戦で弟子のモチベーションを高めたのは、かの夏目漱石。こんな出来事があった。

あるとき漱石の弟子の一人野村伝四が、兄弟子のような高浜虚子に、自分の文章を思い切りくさされ、憤懣（ふんまん）やる方ない思いを漱石にぶつけてきた。虚子は漱石も一目置く名編集者。そこで漱石は手紙で、まず次のように諭（さと）した。

「文章は苦労すべきものである人の批評は耳を傾くべきものである。…あの連中は無論欠点のある見方をするが。ある点から云ふと僕抔（など）より遥かに見巧者（みごうしゃ）である」

見巧者は名批評家。漱石さえも敬服する確かな目を持つのだから、素直になるのがいいと説得し、こう締めくくった。

「君と虚子の間に立て切ってある障子一枚をあけ放って見よ。春風は自在に吹かん」「自在に吹かん」は、自由に吹くだろうの意。

言い換えるなら、「let down your guard!」だろうか。

先輩風を吹かさずに力強く激励〈芥川龍之介型〉

部下に先輩風を吹かす上司が後を絶たない。この悪癖を戒めるために、扇風機付きのいすが発明された。いすに座り、「近頃の若いヤツは」などと先輩ぶった言葉を吐くと、いすの背後の扇風機の風力が強まり、相手に吹きつける。

そんな先輩風に誰よりも注意深かったのが、芥川龍之介だ。例えば、手紙で後輩に来るよう誘った後、こうつけ加えた。

「別に先輩風をふかしたい訣（わけ）でもないのですが　久しぶりで御目にかかりたいような気がします」

マウンティングを好む人間の本性を警戒する姿勢は、別な後輩にも向けられ、次の激励の手紙も、実にすがすがしい。

「新しき道を行く旅人は今来古往独（ひと）りなるを常（つね）と致し候…御閑暇（かんか）も候はば御来（らい）駕（が）下され度（たく）願上（ねがいあげ）候」

誠意を尽くして誘うことにより、アドバイスもすんなり、相手の心に収まったに違いない。

相手先社長を口説く手紙

大げさな低姿勢で懐に深く侵入〈川端康成型〉

ノーベル文学賞作家川端康成の借金の依頼状からは、高位の相手を口説く際に役立つ基本を学ぶことができる。21歳の学生のとき、親戚から資金援助を受けるために手紙を書いた。

「毎々の事にて恐縮の極（きわみ）言葉に窮し候（そうら）えども他に致し方なき無力に候えて　厚顔を押して御願い申上候」

今風にいうなら、〈いつものことで恐縮至極です。申し訳なく言葉を探しあぐねるほどですが、他に方法を知らぬ無力のため、恥知らずと知りながらお願い申し上げます〉となる。やや大げさだが、またかとあきれる相手には、妥当と思える姿勢の低さだ。

そして、自己批判を重ねる。

「虫よき御願いを繰り返すこと申訳なく」「又新しき無理を申上げる身勝手」「虫よき」「身勝手」など、憤る相手の心中を先取りし、付け入る隙を与えない。

この行き届いた低姿勢により、相手の懐に深く潜り込んだ川端は、その後も援助を受け続け、東京帝国大学を無事に卒業することができた。

魔法の言葉で強い警戒心を溶解〈北原白秋型〉

人は誰でも頼みごとを持ちかけられると身構え、警戒心の壁を高くする。不用意に受けると、厄介や不利益を被ることがあるからだ。ましてや誰よりも注意深い経営の主幹が備える壁は、さらに高いものとなる。

ついては思い出されるのが、卒寿の鹿児島の義母である。「すまんばってん、相談があるんやけどなあ」と、決めゼリフを常用する。老婆の相談を断る人はまずいないのだ。

そして、人情の機微に精通した詩人北原白秋も、この「相談」という魔法の言葉を駆使した一人だ。新雑誌を自費出版しようとしたとき、知人に次の手紙を書き、定期購読を求めた。

「確実なる直接読者の多数に頼りたく存（ぞんじ）居候間（おりそうろうあいだ）御同情の上　右の一員として御承諾被下（くだされ）まじくや。御相談中上候（もうしあげそうろう）」

この知人の返事は不明だが、新雑誌は無事発行された。

依頼ではなく相談の手紙には、警戒の壁を溶かす効能がある。

中川　越（なかがわ・えつ）
雑誌・書籍編集者を経て独立。手紙に関する著作が多く、さまざまな人物のものを閲覧し、探求。著書に『すごい言い訳！　二股疑惑をかけられた龍之介、税を誤魔化そうとした漱石』など。

【就活・転職】しっかり伝えたい！

採用担当者を釘付けにする自己PRの書き方

キャリアクレッシェンド代表・中園久美子

★自己PRのポイント

①アピールする強みを1つ選ぶ
②志望先が求める強みをアピールする
③具体的なエピソードで強みを裏付ける
④志望先で強みをどう生かすかを伝える
⑤控えめな表現はアピールにならない

職務経歴書とは、自分がこれまでどのような仕事を経験し実績を上げてきたか、どのような能力を持ち、どのような姿勢で仕事に取り組むのかをまとめた書類のことである。最大の目的は、志望先との面接を取り付けることである。そのためにも、採用担当者が職務経歴書を読んで「あなたに会ってみたい」と思うような文章でなければならない。

職務経歴書はいくつかの要素で構成される。略歴、職務内容、実績、自己PR、資格などだ。とくに自己PRは、自分の能力や意欲を伝えるメッセージともいえる。

これからの日本社会は、ジョブ型雇用が主流になりそうだ。そのとき重視されるのは「仕事に必要な能力」があるかどうか。これまで重視されてきた「学歴や年齢」よりも「どのような経験を生かせるか」「どのような能力を生かせるか」が採用の基準になる。「受かる」職務経歴書にするためには、「仕事に必要な能力」をアピールすることが重要である。

学生時代の就職活動とは異なり、社会人の場合、自己PRは職務に関連した能力をアピールすることが前提となる。①どのような経験をしたか、②何ができるか、③どのように貢献するか、という3つのステップに沿って書くことで、より伝わりやすくなる。

求められる能力を書く

「自己PRなのだから自信があることを書こう」と思うのも無理はないが、やみくもにアピールしても、採用担当者には響かない。志望する仕事の内容やそれに必要な能力は何かなどをよく調べ、その中で自分がアピールできそうな点を書く。

アピールしたい能力は、短い言葉で表すと伝わりやすい。具体的には「協調性」「粘り強さ」「分析力」といったもの。ただし、それだけでは表現しづらい場合、「周囲に気配りをする姿勢」「地道な作業をやり抜く力」「クリティカルな視点を持った判断力」など、よりイメージしやすい言葉を付け加えることで、さらにアピール度を増すことができる。

自己PRでよくある失敗は、1つの文章の中に能力を表す言葉を複数書き連ねてしまうこと。例えば「私の強みは、コミュニケーション力や協調性、粘り強さです」。単に言葉を並べているだけでは、採用担当者には伝わらない。

まず能力について、アピールしたい言葉を1つ選んでみる。能力を身に付けた経験、それをどのように生かすか。先ほどの3つのステップで文章にする。もちろん、アピールしたい能力が複数あれば、それぞれを3つのステップでまとめ、重要度の高い順に書くことで、アピール度はより強くなる。

アピールしたい能力を見つけるのと並び重要なのは、その能力を身に付けた経験を整理し伝えることだ。経験を伝えるということは、その能力の根拠を伝えるということでもある。自己PRは根拠があって初めて説得力を持つ。

では、その経験をどのように書けばよいのか。一言で言えば、「具体的に」ということだ。具体的な表現で詳細に経験を書く。「一生懸命頑張った」より「1カ月に○件訪問した」のほうがより具体的である。「優しく接した」より「お客様のご要望に一つひとつお応えした」のほうが具体的だ。

しかし、具体的に書くことを意識すればするほど、文字数は膨大になっていく。まずは一度、文字数を意識せずに書いてみよう。その後で文字数を減らしていけばよい。

書かなくても意味が伝わるものは削除し、抽象的なものはより具体的なものに変える。これらの作業を繰り返し、妥当な表現と文字数に収めるようにする。自分の経験を何度も見直してみると、どこを最も目立たせればよいかが、はっきりとわかってくる。

「どのように貢献するか」だが、締めくくりで最もよく目にするのが、「これらの能力を生かしたいと思います」といった表現である。しかし、これを読んだ採用担当者が、あなたにとって都合のよい方向へ考えてくれるとは限らない。自分の望みどおりにするためには、「このように生かす」といった内容を自分で具体的に書いて伝えることが必要である。

職務経歴書の自己PRはこう書け！

経験から語る

私はこれまで、文房具メーカーで5年間、開発に従事してきました。その中で、新商品開発に向け、積極的にアイデアを出してきました。これまで商品化された数は〇件であり、前職の中ではトップ3に入ります。私のモットーは「それ、あったら楽しい」です。文房具は機能性やデザイン性が重視されがちですが、消費者が生活の中で「楽しい」と思える瞬間を彩ることで、仕事も遊びもより効率が上がり、人生が豊かになると考えます。開発においてコスト削減はどの業界においても課題です。そのような逆境に立たされるほど意欲が湧き出るタイプです。

Ⓐ これまでの経験の中で志望先での仕事に生かせるものを1行で

Ⓑ これまでの仕事ぶりを書く。より具体的に

Ⓒ 持論は個性。ぜひアピールしよう。とはいえしつこくなりすぎないよう端的に表現する。また、自分本位ではなく志望先ファースト、お客様ファーストで

Ⓓ 入社後の姿勢を書く。業界でありがちな課題に対する姿勢を書くことで、タフさをアピール

強みから語る

私の強みは「数字に強い」ということです。前職ではマーケティング事業部にいたため、つねに市場調査やデータ解析を行っていました。年代別の嗜好品アンケート調査、気象と購買の因果関係を表すグラフなどさまざまなデータを読み解き、フードロス削減に貢献してきました。SDGsの取り組みはこれからの企業には必要不可欠です。私は、これまでの経験で培ったデータ分析力を使い、より効率的な戦略についてご提案ができると考えています。

Ⓐ 一押しの強みをキーワードで

Ⓑ これまでの仕事ぶりを書く。より具体的に

Ⓒ 入社後の姿勢を書く。志望先の求める人材が自分であることをアピール

ポイントは、あなたができることを書くということ。「プロジェクトがスムーズに進むよう各所との連携を行うことで貢献できます」「効率化を図るためにＩＴの取り組みに貢献できます」というふうに、想像できる範囲で、自分が貢献できる点を書いてみよう。そうはいっても何を書けばよいか悩む場合もあるだろう。そのときは、漠然としていても意欲を伝えてみる。「お客様に笑顔になってもらうように」「組織全体の効率化のために」といった表現だけでも、あなたの「貢献したい」という意欲は伝わるはずである。

最後に、文末をどうするかによって、文章全体の印象が変わってくることをお伝えしよう。「接客を学びました」「接客を身に付けました」「接客を心がけています」……。採用担当者はどの人に会ってみたいと思うだろうか。私なら、普段から「心がけている」人に会いたい。心がけている人は、すでにそのことを学び、身に付けていると考えられるからである。

自己ＰＲにおいては、自分の能力を、より押しの強い動詞で表すことが大切である。控えめな表現、謙虚な表現ではアピールにならない。押しの強い動詞を使うことで、職務経歴書全体が勢いのある文章になり、あなたの意欲もしっかりと伝わるはずだ。
採用担当者が理解できる言葉を使い、想像しやすい具体的な表現にすることが大切である。自己PRについて悩んでいる人は、これらの書き方を参考にしてほしい。

中園久美子（なかぞの・くみこ）
キャリアコンサルタント、講師。大手通信会社勤務を経てパソコン講師として活動後、独立。
著書に『それでも書類選考で落とされない履歴書・職務経歴書の書き方』など。

【コミュニケーション】みんなに読ませたい！

成毛眞が伝授する！〝バズる〟投稿の極意

HONZ代表・成毛　眞

★SNSのポイント

①関心の高いネタを織り交ぜる
②１行目のつかみを重視
③投稿後何度も修正更新を行う

話題を呼ぶ〝バズる〟ＳＮＳ（交流サイト）の投稿を生み出すには、まず多くの人に見てもらうようにすることだ。

フェイスブックの場合、友達の数や「いいね！」の数もあるが、その投稿がいかに多くの人にシェアされるかで発信力が決まる。シェア数が増えると、多くの人に読まれていると機械的に判断され、友達などユーザーのタイムラインの上に表示されるようになる。そうした仕組みを知ったうえで投稿しないと、誰のタイムラインにも表示されないまま終わってしまう。

多くの人のタイムラインに表示させるには、時事ネタなどタイムリーなネタを織り交ぜるのが1つの手だ。私の場合、そうした話題をフックにして、本当に自分が書きたい話を投稿している。時事ネタと書きたいことをうまく関連づけることも技術の1つだ。

いろいろな話題に触れることも見る人を増やすコツだ。たまに犬や猫の話をするが、それはそうした動物好きの人のタイムラインへの表示を狙っているから。そこに表示されて「いいね！」を押してもらえれば、その後は自分の投稿が連続して表示されるようになる。

食べ物では、チャーシューの話をすることがあるが、多くの人に関心を持ってもらえるテーマだから取り上げている。これがラム肉のようにあまり一般的ではないものだと、表示されなくなる。

もちろん、単にチャーシューを食べたという投稿だけではダメ。そもそも話が面白くないと読まれない。そうした文章は小学生の日記のような内容のことが多い。まず、どうやったら気持ちをわかってもらえるかを考える。自分がイメージしている情景を、読んでいる人にも映し出してもらえることを意識し、目の前で起こっていることの特徴を一つひとつ挙げるつもりで書くといい。

さらに、読んで得するような話題にすることもシェアや「いいね！」を増やすポイントになる。

配信は3日に1回でいい

配信は、毎日続けるよりも3日くらい空けるほうが、読まれる可能性は高い。毎日何本も投稿すると、逆に1本当たりの価値が下がってしまうし、飽きられてしまう。「いいね！」の数がいくら多くても、それは惰性で押しているだけで読まれていないことも多い。私もＳＮＳに投稿するペースは2～3日に1回で、ＳＮＳを開かない日もあるくらいだ。

最後まで読んでもらうためにはＳＮＳならではの書き方の工夫が必要だ。

まず1行目が良しあしを決める。最初の1行で関心を得られなければ読み飛ばされてしまう。1行目は、本や新聞でいえば小見出しの位置づけで、つかみのような役割を果たす。「これからあなたにこれを読んでもらいます」ということを伝える。その際、長いのはよくないし、タイトルのような書き方は説明的になるので避けたい。1行目で関心を持ってもらい、2行目に進んでくれさえすれば、あとは最後まで読んでもらえる。

読みやすい文章にすることも最後まで読んでもらうコツだ。そこで意識したいのが漢字を多用せず、ひらがなに「開く」ことだ。漢字が多ければ難解で読みにくい印象になるが、ひらがなを多くすれば平易で読みやすい印象を与えることができる。小学生や中学生でも理解できるような平易な文章にするといいだろう。

改行後に「1字下げ」をしないことも重要だ。段落の最初の1文字は空けると学校で習ってきたと思うが、それは原稿用紙で書く場合のルールだ。そもそも1行が短いスマホの画面では、1字下げただけでは段落が変わったかわかりにくい。

その代わり、段落を変えるときに「1行空け」をするといい。適度な余白を作るために、100~140字を目安に段落変えをすると読みやすい文章になる。

投稿後に何度も更新

伝えたいことを過不足なく伝えることも意識したい。他人の投稿やニュースなどをシェアする場合は、投稿のメインテーマから派生させた追加情報を入れて、あなたの投稿を読みたいと思わせるような「引き」を入れる。シェアする元記事の内容以上にサブ的な内容がものをいう。

◆ シェア投稿も「追加情報」で心を動かす

● **推敲前**

ジャイアントパンダ１頭分とかバスケ選手１人分とかあったけど、最高にかわいいの見つけた！（ご本人がご自由にお使いくださいと書かれていたのでシェア）

● **推敲後**

見出しを設ける

【ソーシャルディスタンス】

ジャイアントパンダ１頭分とかバスケ選手１人分とかあったけど、最高にかわいいの見つけた！

たまたまSNSを見ていて出会ったイラスト。描いた人はゴールデンレトリーバーを２匹飼っているのかな。

（ご本人がご自由にお使いくださいと書かれていたのでシェア）

ところで、このイラスト、よく見ると前にいるほうは顔が白い。犬も人間と一緒で、年をとると白髪になる。私も飼っていたことがあるからわかるのだけど、ゴールデンレトリーバーは、特に顔が白くなる。じゃあこの２匹

追加情報を入れる

追加情報を入れる

（出所）成毛眞著『バズる書き方』

一方、読者が増えていくと、いろいろな受け取り方をする人が増えてくる。自分の真意とは異なった受け止め方をする人も少なくない。その誤解から誹謗中傷コメントを送られる可能性もある。

誤解されないためには、あいまいな表現は避けたほうがいいだろう。例えば、「人気がある」なら、「80％の人に人気」というように、定量的な根拠を入れて誤解を避けるようにする。

読まれる内容にしたり、誤解を生まない表現にしたりするには、投稿した後で修正することが大事だ。投稿前ではなく投稿してから修正を加えていったほうがいい。推敲をしてから投稿しているのでは時間がかかりタイミングを逸してしまう。私の場合、多いときには10回以上も更新している。

修正は気が済むまで行えばいいが、日を置いて行うのはお勧めしない。書き上げたときの感触が消え去っていると、かえって改悪になってしまうおそれがある。他人が書いた記事を推敲するのとは違う。修正をやめるタイミングは自分の感覚に任せるのがいいだろう。

成毛　眞（なるけ・まこと）
元日本マイクロソフト社長。設立した投資コンサルティング会社・インスパイアを2021年退任。『2040年の未来予測』など著書多数。

気づかずに使っている炎上表現、NGワード

成蹊大学客員教授／ITジャーナリスト・高橋暁子

★「炎上表現」を避けるコツ

①自らの立場や所属を踏まえた発言か
②過去の発言と矛盾していないか
③政治・宗教など意見が分かれるテーマに注意
④差別的な発言や単なる悪口ではないか

SNSやチャット、メッセンジャーアプリを毎日のように使っている人は多いだろう。そうした人にとってひとごとではないのが、投稿に対して非難や批判が集中する

「炎上」だ。炎上とまではいかなくても、知らず知らずのうちに相手を傷つけたり、不快にさせたりするメッセージを送ってしまうことがある。

SNSでは、「誰が」発言しているかは意外と重要だ。同じ発言でも発言者によって炎上しやすくなることがあるのだ。例えば「ゲーム依存は自己責任」という発言も、ゲーム制作会社社員の発言であれば周囲の受け取り方は変わる。

職業や所属を明らかにして利用するフェイスブックだけでなく、ツイッターやインスタグラムなどでも、自分の職業や所属、立場などを知っているフォロワーがいるのであれば、発言内容には気をつけよう。所属などに関係なくても、過去の発言と矛盾することや反対のことなどを投稿しても、批判につながることがある。

ツイッターでは1ツイートが140文字以内に限られることもあり、自分の考えを連続ツイートで述べる人がいる。全体として見れば問題なくても、1つのツイートのみ取り上げられたときに誤解を招いたり、反感を買ったりすることがあるので注意が必要だ。

SNSにはさまざまな考え方の人がいる。自分に好意的な人ばかりではないので、違う意見が来ることを前提に発言する必要がある。とくに、政治・宗教など意見が分かれるテーマや人種・性別に関して差別と取られる内容は控える。コロナ禍では、外食や旅行などに関する投稿も慎重に判断したい。「感染拡大防止のためすべきではない」という意見と、「経済を活性化するために必要」という意見に分かれているためだ。

最近多いのが、ジェンダーに関わる発言で物議を醸すケースだ。年齢や外見で差別的に扱ったり、「料理の作り手はお母さん」などと、悪気がなくとも女性の役割と決めつけたりするような発言には注意しよう。

好きな話題をSNSに投稿すると盛り上がるが、嫌いなものについて書くときは配慮が必要だ。「〇〇というバンドが苦手。テレビに映ったらチャンネル替えちゃう。〇〇が好きって、悪いけどちょっと引くよね」のように、単なる悪口となりがちだからだ。

ファンからすると、自らを否定されたような気持ちになり、敵視される可能性が高くなるだろう。特定の何かを否定的、批判的に扱うときは、理由が合理的か、あるいは何かフォローするような一文が入っているかを発言前に確認するようにしたい。

SNSやチャットでのこんな発言には注意！ —やってしまいがちな文例に見られる「炎上ポイント」—

	発言例	炎上ポイント
所属・職業・立場上、問題のある発言はしない	ゲーム会社社員「ゲーム依存になるのは自己責任。子どもがなるのは管理できていない親の責任では。ゲームが悪者にされる風潮に腹が立つ」	そもそも依存になるゲームを作る会社も悪いのでは、という非難が来て炎上する可能性がある
過去の投稿と矛盾している発言はしない	過去「コロナはただの風邪。うつっても若者は重症化しないので自粛する必要はない」 ➡現在「コロナに感染したようです。死にそうです。先日の飲み会のせいでしょうか。熱が39℃もあるのに入院させてもらえないのはおかしい！」	過去の発言と現在の行動との矛盾から非難され炎上する可能性がある
政治・宗教など意見が分かれるテーマでの発言は控える	「●●君の家は▲▲教だから、修学旅行に行っても神社に参拝しない。あそこの家は協調性に欠ける」	信仰のあり方は、宗教や文化の違いによってさまざま。他人の宗教観に口出しするのは適切ではない
性別・人種などに関する差別的な発言はしない	「子どもの同級生がお弁当に菓子パンを持ってきていたそう。お母さんが作ってくれなかったのかな、かわいそう」	「料理の作り手はお母さん」と決めつけていることに加え、手作りでなければ駄目という主張も炎上の可能性がある
	「運動会で保護者リレーがあるらしい。うちのクラスのジョディさんなんかいいんじゃない。アフリカ系だから足が速そうだし」	人種を基に運動神経がよいと決めつけており、炎上する可能性がある
他人が不快に思うことは発言しない	「電車で向かいに座っている人が無理。なんか臭ってきそうだから席替える。写真見てくれたら気持ちがわかってもらえるはず（写真付き）」	無関係な人への肖像権侵害行為であり炎上する可能性がある
単なる悪口は書かない	「××というバンドが苦手。ボーカルの顔も、声も微妙。歌は悪くないけど、テレビに映ったらチャンネル替えちゃう。××が好きって、悪いけどちょっと引くよね」	××とそのファンへの悪口で不快に感じられるため炎上する可能性がある
	ママ友チャットグループで「うちのPTA会長、存在感ないもんね。声が小さくて話がつまらないから誰も話聞いてなかったよね。この間見たけど、○○小のPTA会長はかっこよかったよ」	評価がほぼ悪口。グループチャットでも、スクリーンショットを撮られて流出、炎上することがあるので要注意

チャットの発言にも注意

炎上は、不特定多数が見るツイッターやインスタグラムなどだけで起きるとは限らない。日常会話の延長という意識で、思ったことを気軽に口にしてしまいやすいチャット、メッセンジャーアプリでの発言にも注意が必要だ。友人間のグループチャットでも、投稿内容によってはグループ内で不評を買い、非難されることがある。

当然のことながら立場や価値観は人によって異なる。例えば既婚の友人に対して、事情も知らずに「子どもを早くつくったほうがいいよ／老後寂しいよ」といった発言をすると相手を深く傷つけてしまうことがある。ビジネスシーンでも、転勤になった相手に対し「小さい支社だとやりたいことができそう」などと思わず発言してしまうと、言外に「左遷された」という印象を与えてしまう。

発言主は無意識であっても、結果的に相手のプライベートな事情に踏み込んだり、自らの物差しで判断したりしてしまっている。メッセージを受け取った相手は「見下されている」などと不快な思いをすることがあるのだ。こうした状況を回避するためには「事実」と「主観」を切り分けて考え、単なる決めつけになっていないか、メッセージを送る前に慎重に判断しよう。

高橋暁子（たかはし・あきこ）

東京学芸大学卒業。小学校教諭、編集者などを経て独立。SNSや情報リテラシー、ICT教育に詳しい。著書に『ソーシャルメディア中毒』ほか多数。『あさイチ』などテレビ出演も。

【投稿】人気者になりたい！

投稿の初心者ならｎｏｔｅ　ブログは自己責任伴う

★「ｎｏｔｅ」「ブログ」のポイント

①いちばん面白い部分を冒頭に書く
②1記事1テーマに絞る
③ユーザー目線で、文は簡潔に

会員登録者数（投稿者と読者の総数）が前年比1８倍の３８０万（２０２1年４月）と急成長を遂げたｎｏｔｅ。文章や画像、音声などを無料で手軽に投稿できるのが受けている。ブログと似ているが、オープンソースのブログ（WordPress 仕様など）、Ａｍｅｂａ、はてななどの無料ブログ（ブログサービス会社運営）との違いは明確だ。

例えば、ｎｏｔｅはウェブ記事で鉄板のランキング記事を投稿できない。人気が出やすい同様の記事の投稿を避け、多様なコンテンツを目指す狙いがある。また、広告バナーが貼れない。アフィリエイトリンク（一部可能）やグーグルアドセンスは基本的に禁止だ。商材情報記事ばかりが集まるのを嫌う一方、広告に左右されず自由に記事が書ける利点を強調する。無料ブログも以前まではアフィリエイト禁止の運営会社も多かったが、最近は緩やかになり、運営会社間で対応はまちまちだ。

ｎｏｔｅの記事投稿者（クリエイター）やブロガーも、読まれる記事を書くには基本的な文章スキルやノウハウが欠かせない。まず読者はタイトルと冒頭の内容で記事を選択する。移動中など隙間時間に記事を読む人が多いので、タイトルは具体的で読者に問いかける文面がいい。冒頭にはいちばん面白い話や結論を書き、読者の関心を引きつけることも必要。文章は短めに、要点は箇条書きにし、重要箇所は太字などで目立たせる。

1記事1テーマにして内容を掘り下げることも基本。読者がどんな点に疑問や関心を抱くかを踏まえながら書いていく。投稿前には文章全体の見やすさをスマホで確認。

ひらがなと漢字、カタカナの文字並びの割合は7対2対1が読みやすいという。それらを押さえれば、飽きずに読んでもらえる。

基本をマスターしたら、次は読者がお金を払ってでも読みたくなる記事を目指す。一言で言えばオリジナリティーの高い記事。独自の切り口や解釈、ほかでは読めないノウハウが盛り込まれ、専門性が高く貴重な経験則が書かれており、読者にとって役立つ内容だ。

また、単発で終わるのではなく、シリーズ化できるテーマやストーリーがあると、読者はファンになりやすい。つまり、大きなテーマ設定があり、その主題に見合った興味深い話を、毎回ネタを変えながら連載できるかどうかだ。深い知識と経験を盛り込めれば、記事の月額課金にもつながる。

noteとブログのメリット・デメリット

運営者の判断で記事削除も

読まれるまで時間と労力…

	note	ブログ

メリット	・無料でコンテンツを投稿できる ・ITスキルが低くても始められる ・記事コンテンツを有料販売できる ・投稿者へのさまざまなサポート機能がある ・ドメインパワーが強いので、検索で上位に表示されやすい	・サイトデザインを自由にカスタマイズできる ・アフィリエイトリンクや広告が貼れる ・ECなどの決済手数料が安い ・独自ドメインで長期的なサイト運営ができる ・Webスキルが身に付く
デメリット	・広告バナーが貼れない ・運営者の判断で記事を削除されることもある ・記事のインポート、エクスポートができない ・記事販売のプラットフォーム利用料が売り上げの10～20%かかる ・ランキング記事は書けない	・立ち上げには一定のスキルが必要 ・読まれるまで時間と労力がかかる ・誹謗中傷コメントの書き込みの危険も ・サーバー・ドメイン代が年1.2万円ほどかかる ・コンテンツを分散掲載しないと目立たない

(注) ブログはオープンソースのシステム(WordPressなど) 仕様が対象、ブログサービスは含まない

読者ニーズを自ら把握

専門性が高く希少な記事内容なら、書籍化も夢ではない。UI／UX（ユーザーインターフェース／ユーザーエクスペリエンス）デザイナーの久保田麻美さん（クリエイター名：くぼみさん）は、noteで投稿を始めて、早くも4カ月後に出版社から声がかかった。20年8月刊行の著書は『はじめてのグラフィックレコーディング 考えを図にする、会議を絵にする。』（翔泳社刊）。グラフィックレコーディング（グラレコ）とは、会議などで議論をリアルタイムに可視化する手法で、認識の共有や問題の発見など、さまざまなコミュニケーションを促す技術。専門性の高さを備えつつも、わかりやすい記事が評価されたようだ。

そもそも久保田さんがグラレコを知ったのは勤務先での勉強会がきっかけ。絵を描くのが大好きなため、すぐに興味を持ち独学。その際にグラレコの学びを記録しようと、備忘録のつもりで投稿を始めたのがnoteだ。

最初の頃は、グラレコの事例を時系列で紹介するだけだったが、書籍化が決まってからは投稿する意識がガラリと変わったという。「知識を体系化するため、書籍の章立てに合わせて一節ずつ内容を考えて投稿した」と久保田さんは話す。そのやり方でよかったことは、①モチベーションを維持できて高生産性につながった、②書籍化される記事の一部が事前にｎｏｔｅで公開されることで、読者の反応がわかった、③刊行の1カ月前から書籍の告知ができた、点だ。

また、グラレコの社外ワークショップで参加者からの反応を直接探れたこと、グーグルフォームに質問箱を作り、利用者がつまずくポイントを把握できたことも、読者ニーズの反映に役立ったという。部数は刊行直後から伸び、4刷累計1万部を達成。ｎｏｔｅ読者数も増加し、今では企業や芸術系大学などで講師を頼まれる腕前だ。

ｎｏｔｅではクリエイター支援プログラムとして、出版社などメディア企業に月2回程度、話題のクリエイターを紹介している。これまで90冊が書籍化されており、うち会社員は15名に及ぶ。

月収1000万円も

最後に記事の収益化面でｎｏｔｅとブログを比べてみる。ｎｏｔｅは1記事につき

100〜1万円の価格で自由に販売できる。ほかに複数の記事をまとめて販売する有料マガジンや月額課金の定期購読マガジンの設定もある。だが、収益化が目的なら、一般のブログ（WordPress仕様など）だろう。ただ、批判的なコメントも来るので自己責任が伴う。

アフィリエイトで生計を立てている山本ゆうこさんは「nomado GO!」というサイトを運営し、ブログやSNS（交流サイト）、ユーチューブなどで、仕事やライフスタイルなどの話題を発信している。元会社員だが、旅行をしながらどこにいても仕事のできるノマドに憧れて、14年からアフィリエイターとして活躍。彼女はアフィリエイトだけで月収1000万円を稼いだ実績もあるが、時間と労力はそうとうにかかる。

アフィリエイターは商品情報記事の成功報酬で稼ぐ。読者はネット上でキーワード検索をして、自分に役立つ情報を調べている人。山本さんは「300本書いて成果が出ないなら1000本書く精神力が必要。関心の高いテーマを調べ、体験談などを交えて疑問や関心、反論に先回りしながら記事化する」という。買わない理由をすべてなくすことがセールスライティングの勘所だという。

（鈴木雅幸）

論文の質決める4基準　理工系は〝IMR〟が重要

★研究論文ポイント

①基本は序論→本論→結論　序論は最後に書き直すこと
②問いの立て方が重要「どうしたら」ではなく「なぜ」
③仮説を考え因果メカニズムを解きほぐし理論化
④他分野への応用も視野に入れて臨む

ビジネスパーソンが社会人大学院などで論文を執筆する場合、最も難しい関門として立ちふさがるのが「問いの立て方」だと一橋大学イノベーション研究センターの青島矢一教授は指摘する。

「どうしたら会社がよくなるのか」「どうしたら売り上げが伸びるか」など、ビジネスパーソンは日頃から「どうしたらいいのか?」と問いかけることに慣れ親しんでいる。ただ、こういう問いだと、なかなか学術研究にはなりにくいという。「『どうしたら』と問うと、いろいろある方策のリストアップになってしまい、本質的な課題解決につながらない」と青島教授は説明する。

そもそも「研究の目的は因果メカニズムを解明することなので、『どうしたら』ではなく『なぜ』と問うことが肝要」だと強調する。「あることがなぜ起きるのか」という問いにして、「こういう原因からではないか」という形で研究は進むからだ。

「なぜ」という問いに対する解答が得られれば、その副産物として、どうしたらいいのかというインプリケーションが導き出される。つまり、『どうしたら』という問いは「副産物を最初に求めてしまうことになり、分析がすごく浅くなってしまう」(同)。ビジネスパーソンにとって、このマインドセットの転換が難しい。

問いに対する自分の解答が仮説だ。その仮の説明が面白ければ、研究の第一歩になる。青島教授は「問いを立てて仮説を考え、その因果メカニズムを明らかにして、それが汎用性を持った論理であれば、理論になって多くの現象に適用される。研究の最終的な目標は、一般的な理論をつくること」と説明する。

データ測定の検証重要

では、将来、大学教授や大学講師を目指すビジネスパーソンにとって、ワンランク上の論文を書くにはどうしたらいいのか。『質の高い研究論文の書き方』（白桃書房刊、青島矢一編著）の中で青島教授は、論文の質の高さとは「正しさ、深さ、新しさ、広がり」の４つの側面から判断できるとしている。

まず正しさとは、通常の実証論文の流れに間違いや欠陥、論理的破綻がなく、結論に十分な納得性があることを意味する。一言で言えば妥当性を確保することだ。研究者が目指す査読付きジャーナルの世界では、仮説検証で検討される内的妥当性（本当にAはBを引き起こしているかという因果関係の特定）の正しさが厳しく求められる。

そのため統計的手法が洗練されてきたが、そもそも構成概念であるデータの確からしさが問題となる。つまり、構成概念をきちんと測定できているかという「構成概念妥当性」に最も気を配って論文の正しさを判断しているという。

深さで重要になるのは、①因果メカニズムをどこまで深く追究しているか、②現象をどこまで深く把握しているか。そのうえで、変数間の関係にはどのような隠れた因果関係が含まれているか、抽象レベルの議論ではなく具体的な現実感のある解釈を展開しているか、が求められる。

新しさについて実証論文では、仮説の新しさと測定方法や検証方法の新しさが重視される。ただ、新しさには主観の入り込む余地が大きく、何に対する新規性なのかは判断する人やコミュニティーの選択による。さらに、仮想敵としての既存研究を明確にしたうえで、それとの比較で新しさを確定したほうがいいと指摘している。

広がりは、論文の持つ意義や影響力とも言い換えられる。理論的広がり（大きな理論的命題につながる可能性を持つか否か）と、実践的広がり（実践に対してどれだけ有益な示唆を与えられるか）を踏まえることが重要だ。ただ、質の高さを目指す以前に研究者の基本姿勢が欠かせない。青島教授は「仮説を導き出す論理プロセスを慎重に検討し、瑕疵（かし）のない検証プロセスを経て、飛躍のない謙虚な解釈を心がけるべきだ」としている。

研究の限界も開示を

理工系論文は「定石にのっとって書くこと」と話すのは福地健太郎・明治大学総合数理学部教授。執筆した『図解でわかる！理工系のためのよい文章の書き方　論文・レポートを自力で書けるようになる方法』（翔泳社刊、図解担当：園山隆輔）で福地教授は、「問題（I）」「手段（M）」「結果（R）」をハッキリさせることを強調する。

ＩＭＲとは、福地教授が学生への論文指導用に生み出した言葉。医学など科学分野で広く使われる「ＩＭＲａD(Introduction, Methods, Results, and Discussion)」＝「序論、手段、結果、議論および結論」という論文構成法を基に、論文執筆者が意識すべき中核として位置づけた。

中でも「『問題』と『結果』から書き始めると主張が明確になる」（福地教授）とい

う。注意したいのは両者の目線の一致。例えば問題設定が「地球環境保護」と壮大なのに対し、結果は「バッテリーの機能改善」といったレベルに陥るケースだ。論文の「結果」に見合った問題設定に絞り込んで両者のバランスを整えられれば、自然と「手段」は導き出せる。

逆に「手段」から書き始めると、つい出来事を書き並べたくなる。「余計なことまで書いてしまい、読み手を混乱させやすい」(同)という。「問題」と「結果」に沿って、「手段」についても本質的なことを選別して記述するのが大切。

さらに、論文の読み手は今回の論文成果を自身の研究で論拠の1つとして使えないかと考えながら読む。「使える論拠」として読み手に渡すには、今回の論文で「確認できたこと」「確認できなかったこと」など、研究の限界や制約条件を開示する。これも一段上の論文に仕上げるためのポイントだ。

◆ **理工系論文の書き方の定石**

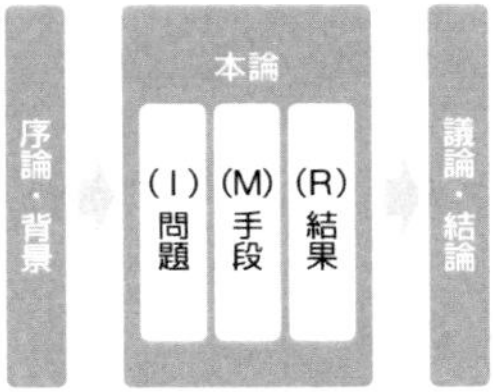

問題（Issue）
解決しようと取り組んだ問題

手段（Method）
その問題を解決するため
実施したこと

結果（Result）
その手段を実行して
得られた結果

◆ **社会科学系論文の質を高めるには…**

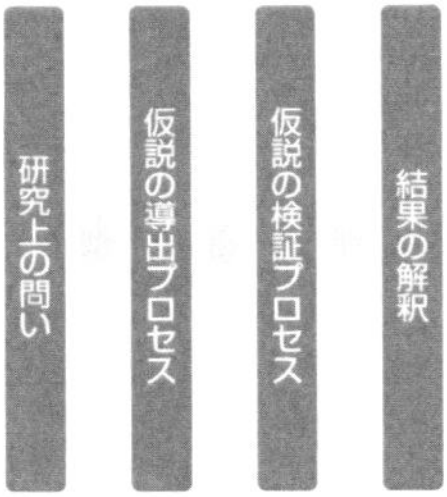

通常の実証論文プロセスに対し
「正しさ」「深さ」
「新しさ」「広がり」の
４つの側面から、
論文の質の高さを判断

ビジネスパーソンへのアドバイスとして福地教授は、「仕事の現場とアカデミアとではディスカッションで求められることが異なる」と話す。自分の研究成果を抽象化して捉え、他分野への応用も視野に入れて広く議論できるように、関連分野の論文にも目を通しておくべきだとしている。

（鈴木雅幸）

本を書ける人になるには特別な能力は要らない

一橋大学名誉教授・野口悠紀雄

★書籍級の「長文」

① テーマが決まらなくてもとにかく書き始める
② 音声入力を活用してアイデアを文字の形に
③ クラウド上に多層ファイリングを作る

文章を書く際にまず必要となるのは、「何についてどのような内容のものを書くか」。つまり、テーマを決めることだ。あるいは問題を発見するといってもよい。適切なテーマを探し出すことができれば、文章は必ず成功する。テーマ発見が成功のための必要条件であることは自明だが、これは十分条件でもあるのだ。

だがこれは決して簡単な課題ではない。では、どのようにしてテーマを探し出したらよいのか?


私は長い間、「考え抜くしかない」と思っていた。それは今でも正しいのだが、さらに積極的な方法があることを見いだした。

それは、とにかく文章を書き始めることだ。テーマが明確につかめていなくとも、とにかく書く。

書いているうちに、そしていろいろなことを調べているうちに、適切なテーマが発見できる。

多くの人は、テーマが見つからなければ、つまり、準備が完全に整った後でなければ、文章を書き出そうとしない。しかし、ぐるぐる回りしていても、なかなか進展しない。そこで、とにかく始めてみる。そして書くことによってテーマを見つけるのだ。

漠然としたアイデアが頭の中にモヤモヤしているだけでは、進展しない。しかし、文字にして目に見える形にすれば、それを手がかりとして建設的な作業を始めることができる。私は、これを「クリエイティング・バイ・ドゥーイング（あるいは、バイ・ライティング）」と称している。この方法は極めて強力だ。

多層ファイルを作成

頭の中にある想念を文章にするのは、現在、極めて簡単な作業になった。スマートフォンの音声入力機能を用いればよいからだ。散歩してくるだけで、かなりの量の文章を書ける。30分も歩けば、1500字程度の文章ができ上がるだろう（ただし、書く内容が、ある程度整理された形で頭の中にある場合）。

しかし、スマートフォンの音声入力機能は、向上したとはいうものの、いまだに不完全だ。そのため、入力後に大量の編集作業が必要になる。誤変換を直すだけでも、入力に要する時間より多くの時間がかかることが多い。

ただしこれは、精神的にはそれほど緊張を要する作業ではない。文章を直す作業は、白紙に文章を書くよりはずっと楽だ。したがって、音声入力は、文章を「速く書く」

ための方法ではなく、文章を「楽に書く」ための方法である。

誤変換などを修正した後においても問題がある。文章全体の構成がうまくできていない、論理構成が適切でない、論述の順序が正しくないことがあり、必要なことが抜けている場合もある。あるいは逆に、余計なことを述べていることもある。

これらを正しくするためには、何度も何度も推敲を重ねる必要がある。クリエイティング・バイ・ドゥーイングによって文章を書いていると、最初に書き出したときとは内容も主張も（！）まったく違うものが生まれてくる場合がしばしばある。

書籍のような長文になるほど、この作業が重要であり、かつ難しくなる。文章完成までに要する時間のほとんどが、この作業に費やされることも珍しくない。そこで、このための仕組みをつくる必要がある。

この作業は、クラウド上で行うことが必要だ。私は「グーグルドキュメント」を用いているが、これ以外にもさまざまな手段がある。

クラウドに上がっている文書は、複数の端末から同時にアクセスすることができる。これによって、デジタル文書の欠点である「一覧性のなさ」を補うことができる。1つのファイルの離れた箇所を同時に見ることなどが、簡単にできる。紙の文書の一覧性には及ばないものの、それに近いことができるようになった。

データをパソコンなどのローカル端末上に保存している限り、このようなことはできない。文章を書く仕事をしている方は、ローカル端末保存方式をやめて、ぜひ、クラウド保存方式への転換を行っていただきたい。

クラウドに上がっているため、高速検索ができる。また、個々のファイルにURLがついているため、ファイル間にリンクを貼ることができ、多層構造のファイリングが可能だ。したがって、ファイルを大量に作っても、見失うことはない。これによって、「一度に7個以上の対象を識別できない」という人間の認識能力の限界（「マジカルナンバー・セブン」）を突破することができる。

またこのシステムは、突然ひらめいたアイデアを捉えるためにもたいへん有効だ。文章を書き始めれば、さまざまなアイデアが生まれてくる。しかし、人間の短期記憶能力は非常に弱いため、記録しておかないと、すぐに忘れてしまう。

本を書くためのプロセス、ファイル管理術

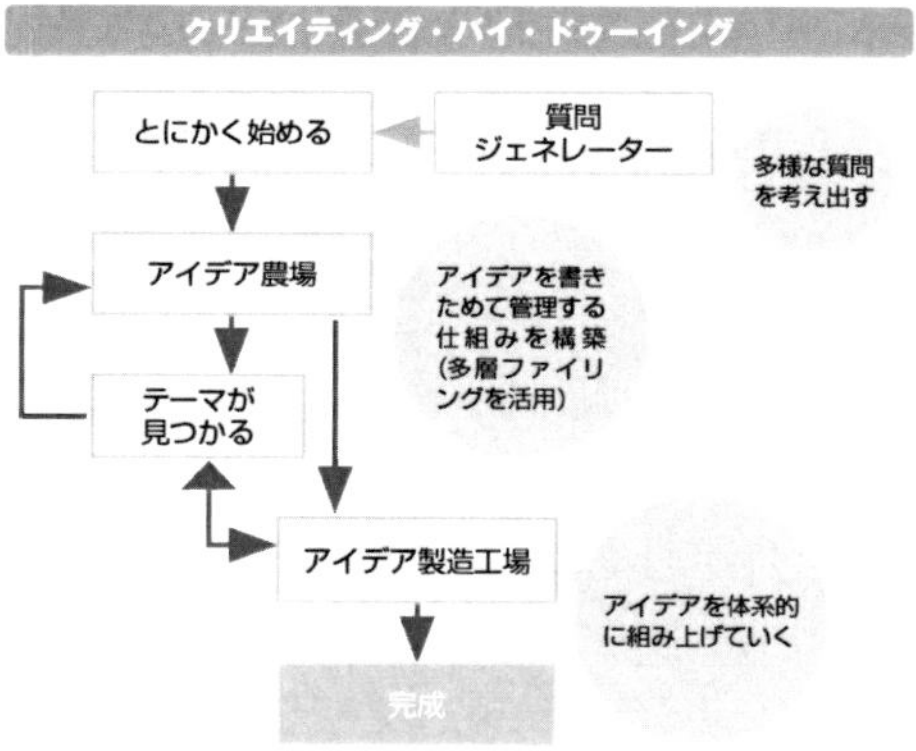

（出所）野口悠紀雄著「書くことについて」図2-2を基に作成

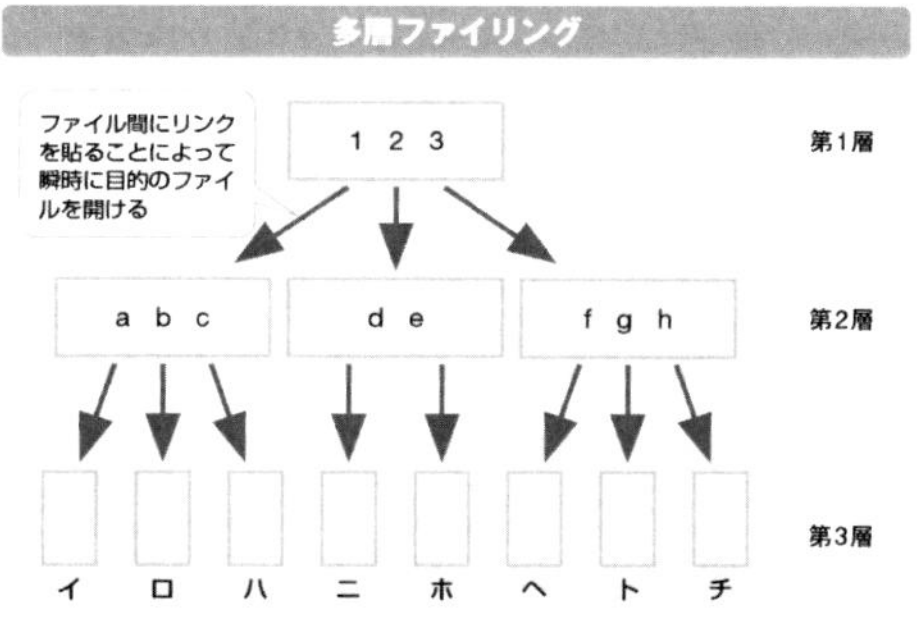

（出所）野口悠紀雄著「「超」メモ革命」図1-1-3を基に作成

夜寝ようと横たわった後で、その日やっていた仕事に関して新しいアイデアが生まれることがある。しかし、メモをしておかないと、翌朝起きたときにはすっかり忘れている。あるいは、寝ている間にアイデアが生まれることもある。これも、朝起きて直ちにメモしておかないと、数分間で忘れてしまう。

こうしたアイデアをキャッチするためにも、多層ファイリングシステムはたいへん有効だ。紙に書いていると、すぐに紛失する。多層ファイリングに記録すれば、見逃すことはない。

野口悠紀雄（のぐち・ゆきお）

1940年生まれ。63年東京大学卒業、64年旧大蔵省入省。72年米イェール大学で経済学博士号取得。一橋大学教授、東京大学教授など歴任。『書くことについて』など著書多数。

言葉選びに困らない　語彙力を上げる方法

国立国語研究所　日本語教育研究領域代表　教授・石黒　圭

★語彙力を上げるポイント

①　発想の軸に当てはまる言葉を考える
②　上位語と下位語の観点で広げていく
③　類語辞典で似たような言葉を探す
④　2つの言葉の組み合わせで検索する

正確に伝わる文章を書いたり、相手の心を動かす文章を書いたりするために、「豊かな語彙力があれば」と願う人は多いだろう。語彙力は、言葉を多く知っていることに加えて、適切な言葉を場面に応じて引き出す力によって成り立っている。使用可能な語彙を増やすために、「脳内辞書から語彙を引き出す方法」「辞書やデータベースの検索で適切な言葉を見つける方法」を紹介したい。

初めは自分の脳内辞書の中から語彙を引き出す方法だ。発想の軸を立て、その軸に合うような観点で別の言葉はないか考える。

まずは語種（和語・漢語・外来語）という軸。和語の「出前」を使えば大衆的な料理が、外来語の「デリバリー」だとピザなど洋食が届きそうな雰囲気が出る。漢語の「宅配」は何にでも当てはまる。「話し言葉と書き言葉」という軸で考えると、名詞では「きまり」より「規則」が、動詞では「集める」より「収集する」が書き言葉らしい。「部屋の明かりが灯りました」という表現を「あらたまった言葉とくだけた言葉」という軸で考えると、「明かり」を「ライト」、「灯る」を「つける」としたほうが私的な場面に合いそうだ。「お天気キャスター」を専門語で表現すると「気象予報士」だ。

以上のような観点で考えることで、伝える相手や状況に合った言葉が引き出せるようになる。

上位語と下位語という概念もある。インターネットショッピングを思い浮かべるとわかりやすい。さまざまな商品カテゴリーが上位、下位で配列されており、その中から目的の商品を選ぶ。経済誌であれば、「本」↓「雑誌」↓「ビジネス・経済・経営・投資」といった具合だ。このように横並びのものや上下のものを意識すれば、言葉選びの参考になることは多い。

違う言い回しを考えてみよう ― 言葉の引き出しを増やす方法 ――

語種（和語・漢語・外来語）	出前⟷宅配⟷デリバリー ／ 速さ⟷速度⟷スピード
話し言葉と書き言葉	きまり⟷規則 ／ 集める⟷収集する ／ 人付き合い⟷人間関係
あらたまった言葉とくだけた言葉	部屋の明かりが灯りました ⟷ 部屋のライトがつきました 田中さん、たいへん興味深く、かつ刺激的なプレゼンテーション、ありがとうございました。 ⟷ 田中課長、今日のプレゼン、すっごく面白くて、インパクトありましたよ。さすが課長！
日常語と専門語	お天気キャスター⟷気象予報士 ／ 雲一つないよい天気⟷快晴

（出所）筆者の著書を基に本誌作成

また、次図には料理の種類を例に上位語と下位語を示す。「パスタ」の上位語は「イタリア料理」、下位語は「スパゲティ」である。「スパゲティ」のさらに下位語が「ペペロンチーノ」だ。下位にいくほど意味が狭く限定され、指す内容が厳密になる。「イタリアンで食べた◯◯がおいしかった」と表現したいときは、「パスタ」「スパゲティ」より下位語「ペペロンチーノ」のほうがしっくりくる。

言葉のネットワークを考える ―「パスタ」の上位語、下位語 ―

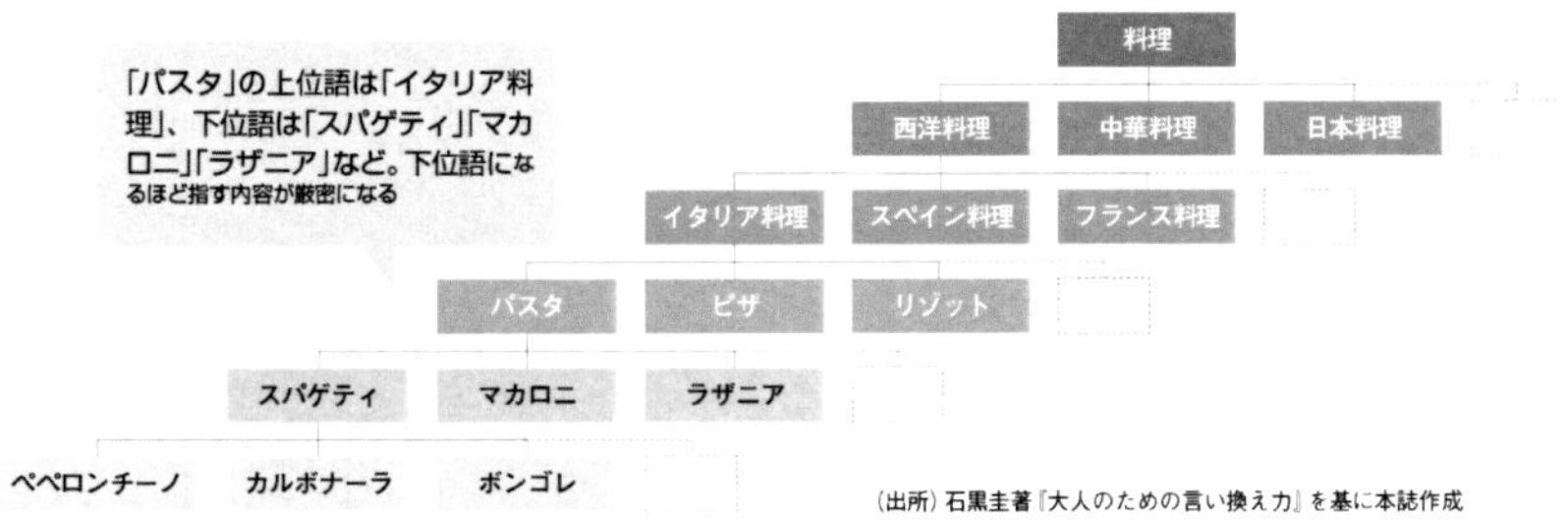

（出所）石黒圭著『大人のための言い換え力』を基に本誌作成

語彙力は検索能力と連動

脳内辞書から語彙を引き出す方法に限界を感じたときは、類語辞典やデータベースを頼ろう。語彙力はある種、検索能力と連動しているといってもいい。インターネットでも類語辞典のサイトがある。

しかし、類語辞典にも限界がある。例えば、プロ野球の試合経過を知りたいとき、頭に浮かんだ「中継」を類語辞典で検索しても「中継ぎ」しか出てこない。こんなとき有効なのが、2つの言葉を組み合わせた検索である。「試合」「中継」の組み合わせで検索すると「試合情報」「放送予定」「試合速報」「ライブ配信」など、必要な言葉が次々に現れ、検索サイト自体が優秀な類語辞典になる。

「○○の」というチャンクで検索する方法もある。「試合の」というまとまりで検索したいとき、ダブルクォーテーションマークでくくる（〝試合の〟）と、「試合の」に続く「予定／状況／結果」など、文脈に合った言葉を探せる。

ただ、インターネットの情報はバランスが悪く、質が高くないものも含まれる。これを避けるには、国立国語研究所「現代日本語書き言葉均衡コーパス」がよい。「中納言」で検索すると見つかり、会員登録をすれば無料で利用できる。書籍・新聞・雑誌など、書き言葉の全体像をつかむのに適しており、連語の適切な組み合わせを見つけるのに威力を発揮する。「文字列検索」で「試合の」と入れると、「予定／結果」以外に「模様／内容／詳細／流れ」が出てくる。

言葉の誤用を防ぐには、「使い方が怪しい！」と感じたらその場で調べることが大事である。「国語に関する世論調査」を実施する文化庁のサイトは、誤って使われがちな慣用句を解説しており、参考になる。学術用語の確認には、「Google Scholar」など、専門性の高いサイトでの検索がお勧めだ。

言葉は無数にあるが、実際に使う言葉は前後の文脈でかなり限られてくる。本稿で紹介した発想の軸や検索の技術をうまく活用して語彙力を高めてほしい。

（構成・常盤有未）

石黒　圭（いしぐろ・けい）
1969年生まれ。一橋大学社会学部卒業、早稲田大学大学院文学研究科博士後期課程修了。博士（文学）。2016年から現職。一橋大学大学院言語社会研究科の連携教授も務める。

【寄稿】

イタリア女子が惚れ込んだ日本語のすばらしさ！

翻訳家・イザベラ・ディオニシオ

ローマ帝国時代に一世を風靡した雄弁家キケロ（紀元前106〜紀元前43年）の著作は、長らくヨーロッパにおいてラテン語散文の手本とされてきた。観衆を熱狂させせた数々の演説はとくにすばらしいものばかりだが、キケロはその原稿を書いたり、暗記したりするときに、なじみのある「場所」を思い浮かべて、地図をなぞるようにおのおのの部分を推敲していたそうだ。

だからなのか、彼が書き残した名文を読んでいると、その熱い言葉に誘導され、小さな旅に出かけたかのような錯覚に陥る。文章の力だけで、しっかりとした道筋が目の前に現れ、そしてローマの風景が鮮明に広がる。その説得力と臨場感は本当にすごいものだ。

ジャーニーやストーリーテリングといった言葉を、さまざまな文脈において耳にするようになった昨今だが、キケロがはるか昔に教えてくれたとおり、文章を書くというのは読者を旅に誘う行為によく似ている。そこには単語や文節の数だけ異なったいくつもの旅路があるのだ。

キケロとは天地ほどの差があるのはいうまでもないが、思い返せば、私がつたない文章を書くきっかけとなったのも、アドリア海に面した小さな港町から成田までの1つの長旅だった。そして、真っ赤な、重たいスーツケースを引いて、おぼつかない足取りで日本の地に降り立った瞬間から、日本語と格闘する日々が始まった。

ただの「雨」なのに…

理解したい、しゃべりたい、さらにいつか書けるようになりたいとひそかに夢見ていた私にとって、街中がたちまち社交場となり、屋根のない教室と化した。スーパーで買い物しているときですら、サプライズに満ちた貴重な時間に思えてきた。予定していた2年間の語学留学では満足できず、自分でも気づかないうちに、日本語は絶対に手放したくない恋人のような愛（いと）しい存在になっていたのだ。

最初の頃は必ず電子辞書をカバンに入れて、目に飛び込んできた文字や耳に挟んだ会話の断片、どんなヘンテコな言葉でもすぐに検索して、ノートに書き連ねていた。ときには暗号を解き明かすスパイにでもなった気分で、漢字を一つひとつ調べながら、小説の1ページを何時間もかけて読み込んだりした。心に引っかかる言い回しに出合うと、そのページの右上を折り、鉛筆で線を引いて、読了後にそれもノートに書き写した。

このように書くと、骨の折れる作業に感じられるかもしれないが、未知の言葉が織り成す物語に迷い込むというのはとても楽しい経験であり、それをもっと味わいたくて私は日本語の採取に没頭した。そういった新たな世界に浸っていると、やがて意外な風景がいくつも見えてきたのだ。

ある日のこと、物事は音を奏でることを知った。びりびりと破られるラブレター、しんしんと積もる雪、バクバクして口から飛び出しそうな心臓、じりじりと照りつける真夏の太陽……。シーンと静まり返った部屋にいてふと気づいたが、日本語では沈黙ですられっきとした音を響かせる。

また別の日には、季節や自然を感じさせる言葉に何種類もの表現が存在することを覚えた。「小雨」「霧雨」「時雨」「春雨」「夕立」……。ただの「雨」だと思っていたのに、それぞれの表現には情景を連想させる力が宿っている。私は必死になって書き留めた。木の葉の間からこぼれ落ちる日差し、「木漏れ日」という言葉を発見した日も忘れられない。暖かく照らされる花、落ち葉、土などに思いを馳せて、またメモを取った。

ときには、ずっと前から心の中にあった漠然とした感情を、ピッタリ言い当てる一言にも邂逅した。例えば「懐かしい」という言葉。昔通いつめていた思い出の場所、久しく会っていない友達、子どものとき好きだったお菓子の甘い香りなどが、思わず次から次へと浮かんでくる。

母語のイタリア語であったら、いくつもの言葉を連ねて説明しなくてはいけない心情を、たった一言で言い表せる。もちろんその逆のパターンもあるが、今まで持っていなかった言葉を見つけたときは、自らの生活がほんの少し豊かになったように思えた。

皮と肉でアイロニー？

しだいに会話の端々から伝わる微妙な空気にも注意深くなった。使われている語尾から話し手の性別を判断したり、状況に応じて変化する表現の丁寧さの違いで、複雑な人間関係や心模様を察知できたりする。ちょっとしたニュアンスの差異を読み取ることができれば、人との距離が縮まり心の扉がいくらか開かれるのを感じた。

日本語を勉強すればするほど、持っていた固定観念はすべて壊れていき、ある意味初心にかえって（これもイタリア語に訳しにくい）純粋な心持ちで言語に触れることができた。幼い頃に意味もわからず覚えた単語が、経験を積み重ねることによって徐々にわかってくる。それと同じように、うれしいことや悲しいことがあったときに、どこかで耳にした単語が頭に浮かび、それが自らの感情にビシッとハマったときには、深い達成感と充実感で満たされる。

不可思議な日本語にも気づかされた。なぜアイロニーのことを「皮」と「肉」と書くのだろうか、なぜ「嫉妬」の漢字には女偏がついているのか、未来形という決まった形がないのはなぜか……。母語と比較してみて、これまで考えもしなかった不思議にぶつかる。新鮮な目で物事を見ること、そして学びの楽しさ、それは日本語(ときにはイタリア語)を勉強していて教えられる。そんなワクワクをぜひみんなにも味わってほしい。

だが一方で、決して言葉は万能なものではない。その働きはむしろ不自由で、適切な言い回しの探求が失敗に終わることも多い。相手が外国語だと、それを一層痛感させられる。どんな言語であれ、サイズの合わない洋服のごとく、変な形で体にまとわりつき、大抵の場合は思いどおりにならない。

それでも心に思うことを他人に伝えたくて、言葉の海に潜り続けるのは、諦めの悪い人間の本性なのかもしれない。だから、私はどんなに日本語とわかり合えなくても、どんなにフラれたとしても、キラキラと輝く言葉を拾い集める営みはやめられない。

来日して16年ほどが経ってしまった今でも、その驚きと感動、あるいはうまく言えないときに込み上げてくるじれったさは、ちっともなくならない。気になる表現を記録し、すぐにでも使いたくて仕方ないという奇妙な焦燥に駆られる思いも全然変わらない。

文豪の谷崎潤一郎は、1934年に『文章読本』という短いエッセー集を出版している。90年ほど前のものにもかかわらず、今もまったく色褪せることなく、文章の書き方の本質を学ぶことができるたいへん興味深い一冊だ。

そこには、話し言葉の口語と書き残す文語（文章）とがどう違うかについてこう書かれている。

「口で話す方は、その場で感動させることを主眼としますが、文章の方はなるたけその感銘が長く記憶されるように書きます」

言われてみれば、なるほどそのとおりだ。だからこそ書き留めておきたい、すてきな言葉との一つひとつの出合いを――。

しっかりとした道筋どころか、挫折と勘違いによる回り道をしながらの、行きつ戻りつ歩む道のりではあるが、私と日本語の蜜月旅行はまだまだ続いていく。

イザベラ・ディオニシオ（Isabella Dionisio）

イタリア出身。大学時代より日本文学に親しみ、２００５年に来日。お茶の水女子大学大学院修士課程（比較社会文化学日本語日本文学コース）修了。イタリア語・英語翻訳家および翻訳コーディネーター。東洋経済オンラインに「イタリア女子がはまった日本人の知らない古典の読み方」を連載中。

【週刊東洋経済】

本書は、東洋経済新報社『週刊東洋経済』2021年8月7日・14日合併号より抜粋、加筆修正のうえ制作しています。この記事が完全収録された底本をはじめ、雑誌バックナンバーは小社ホームページからもお求めいただけます。

小社では、『週刊東洋経済eビジネス新書』シリーズをはじめ、このほかにも多数の電子書籍ラインナップをそろえております。ぜひストアにて「東洋経済」で検索してみてください。

『週刊東洋経済eビジネス新書』シリーズ

No.362　不動産　勝者と敗者
No.363　弁護士業界　最前線
No.364　YouTubeの極意
No.365　デジタル大国　中国
No.366　地銀　大再編

No.367　おうちで稼ぐ！
No.368　老後マネーの育て方
No.369　製薬　大リストラ
No.370　リスクシナリオ　２０２１
No.371　富裕層マル秘マネー学
No.372　コロナ時代の新住宅事情
No.373　日立・三菱重工の岐路
No.374　脱炭素サバイバル
No.375　郵政崩壊
No.376　脱・ストレスの処方箋
No.377　働き方と経営の法律
No.378　コロナ倒産危機
No.379　車載半導体　争奪戦
No.380　マルクス　vs. ケインズ

No.381　医療テック最前線
No.382　漂流する東芝
No.383　不動産投資　光と影
No.384　コンサル全解明
No.385　大転換の商社ビジネス
No.386　会社とジェンダー
No.387　全解明　経済安全保障
No.388　ソニー　掛け算の経営
No.389　２０５０年の中国〔前編〕
No.390　２０５０年の中国〔後編〕
No.391　相続の新常識

週刊東洋経済eビジネス新書　No.392
無敵の文章術

【本誌（底本）】
編集局　鈴木雅幸、堀川美行、宇都宮　徹、常盤有未
デザイン　dig（成宮成、山﨑綾子、峰村沙那、坂本弓華）
進行管理　平野　藍
発行日　2021年8月7日・14日

【電子版】
編集制作　塚田由紀夫、長谷川　隆
デザイン　大村善久
制作協力　丸井工文社
発行日　2022年6月2日　Ver.1

発行所　〒103-8345
東京都中央区日本橋本石町1-2-1
東洋経済新報社
電話　東洋経済コールセンター
03（6386）1040
https://toyokeizai.net/
発行人　駒橋憲一

電子書籍化に際しては、仕様上の都合などにより適宜編集を加えています。登場人物に関する情報、価格、為替レートなどは、特に記載のない限り底本編集当時のものです。一部の漢字を簡易慣用字体やかなで表記している場合があります。本書は縦書きでレイアウトしています。ご覧になる機種により表示に差が生じることがあります。